キューバ

超大国を屈服させたラテンの魂

国際ジャーナリスト
伊藤千尋

高文研

はじめに

キューバを訪れると照りつける太陽の下、血を騒がせるサルサのリズムに乗って太鼓の音が響き、人々は街を歩くにも踊っているようなしぐさを見せる。ラム酒のにおい、葉巻の香り……。

「サルサはいい、制裁はダメ」と書いた横断幕がアメリカの首都ワシントンに揺れた。

綿菓子のような雲が広がる青空の下、ワシントンの大通りに面して54年ぶりにキューバ大使館が開設され、キューバの国旗が翻《ひるがえ》ったのは2015年7月だ。外に向けて並べた赤い傘に「AMIGOS」の文字が躍る。スペイン語で「友だち」の意味だ。

翌8月、キューバの首都ハバナの米国大使館では、1961年の国交断絶のさいに旗を降ろした米海兵隊の退役軍人が、現役の海兵隊員に旗を手渡した。現職の国務長官としては70年ぶりにキューバを訪問したケリー国務長官が見守る中、抜けるような熱帯の青空に星条旗が翻った。

半世紀以上にわたって敵対関係にあったキューバとアメリカは、ついに国交を回復した。

米国は経済制裁でキューバに「飢餓と絶望」をもたらそうとしたが、キューバは屈服しなかった。中南米の国々から反発されて孤立したのは米国の方だった。オバマ米大統領は過去の米国政府の政策が誤っていたと認め、転換に踏み切ったのだ。

米国による経済制裁でキューバが被った損害は1兆1120億ドル（約130兆円）にのぼる、

とキューバ政府は言う。キューバの国内総生産（ＧＤＰ）の20年分に当たる額だ。国交回復がすぐに経済制裁の全面解除につながるわけではないが、これでキューバ経済に明かりが差すのは確かだ。

平等や社会正義、貧困からの脱却を求めたキューバ革命が成功したのは１９５９年だった。実際、だれもが無料で教育を受けられ、だれもが病気になったら無料で治療を受けられ、飢えることもない社会が実現した。貧困や騒乱が続く中南米の地で理想を実現したことは称えられるべきだろう。

しかし、満足するほど食べられるわけでもない。店に商品がない。政治では一党独裁が続き、市民に自由が得られたとは言えない。約１６０キロしか離れていない米国の物質文明や自由さを見て、市民が憧れるのも無理はない。革命の直後はもちろん、２０１４年までの10年間だけでも13万５０００人のキューバ人が米国に亡命した。

革命から半世紀余を経てキューバは今、新たな国づくりを迫られている。２００５年にフィデル・カストロは「革命を破壊するのは米国など外敵ではない。私たち自身が自ら破壊していくのだ」と演説した。それは、革命の根幹である「平等」が崩れているからだ。

政府は食糧配給を続けてきたが財政事情が許さず、ついに廃止が決まった。一般市民は収入の約８割を食品購入に充てる。ほかのものに手を出す余裕がないばかりか、手を出そうにも売られている物がない。それもトイレットペーパーや食用油など生活必需品が不足している。いくら米国の経済制裁があったからとはいえ、革命から半世紀もたってこんな生活に甘んじるのは嫌だ。もはや革命後の世代が多数派になったキューバ国民がそう考えるのも無理はない。

カストロやゲバラが活躍して革命を成功させて以来、「カリブの赤い星」は、試行錯誤を繰り返してきた。

１９６０年代にはゲバラが主張した「新しい人間」を目標に、理想主義に走った。それが挫折した70年代にはソ連型の社会主義を取り入れた。80年代はそれなりに安定した時代を築いたが、絶頂期にベルリンの壁が崩れ、90年代に入ると支援されていたソ連が崩壊した。経済危機を切り抜け自立した独自の社会主義を掲げ、２０００年代になって米国との「貿易」が復活したものの、ドルがなだれ込むと平等が崩壊した。

そして迎えた２０１０年代。米州諸国に再び受け入れられ米国との国交も回復したが、革命から半世紀がたち新しい社会建設を迫られている。

革命の先頭に立っていたフィデル・カストロは病気に倒れた。後を継いだ弟のラウル・カストロが掲げたのが「大きな政府」の縮小化だ。４１１万人の公務員のうち１５０万人が過剰雇用だと考えた。減った分は自営部門に回し、民間部門はやがて国民の三分の一になる。

ラウルは要職に就く者の任期を一期５年で二期までと決めた。自身も２０１８年には退陣すると明言した。このとき、文字通り「カストロ後」のキューバとなる。

そのときになっても社会主義を捨てる考えはない。捨てれば米国にのみ込まれるとわかっているからだ。現に米国政府は、国交回復によってこんどはキューバを内側から崩すと公言している。「敵対関係」は完全に終わってはいない。

一方で、米国との関係改善などから、現状の社会主義がそのまま続くとは思えない。フィデル・カストロは２００５年にこうも言った。

「私たちの最大の誤りは社会主義とは何かを知っていると思ったことだ」

今、キューバで新たなコンセプトが浮かび出ている。「持続可能な社会主義」だ。国営企業は必要なものだけとし軽工業などは民営化する。中国やベトナムなどのように市場経済を導入するが、あくまで目的は社会主義を活性化するためだ。全国民の生活を保障する現在のやり方から、貧者や弱者だけに絞った福祉政策に転換する。労働者の自主管理の度合いを高め、下からの社会づくりを進める。「国営の社会主義」から「公共の社会主義」への転換とも言われる。

キューバはどんな国なのか。今後、どのような道に進むのか。それは、この国がたどった試行錯誤を見て初めてわかるだろう。私は、この国を「社会主義」と規定することに無理があると思っている。キューバを肌で感じた体験から語りたい。

◆──もくじ

II章　キューバの水戸黄門・カストロ

Ⅲ章　理想を追い求めたゲバラ

Ⅳ章　アメリカの干渉

終章　ともに未来へ

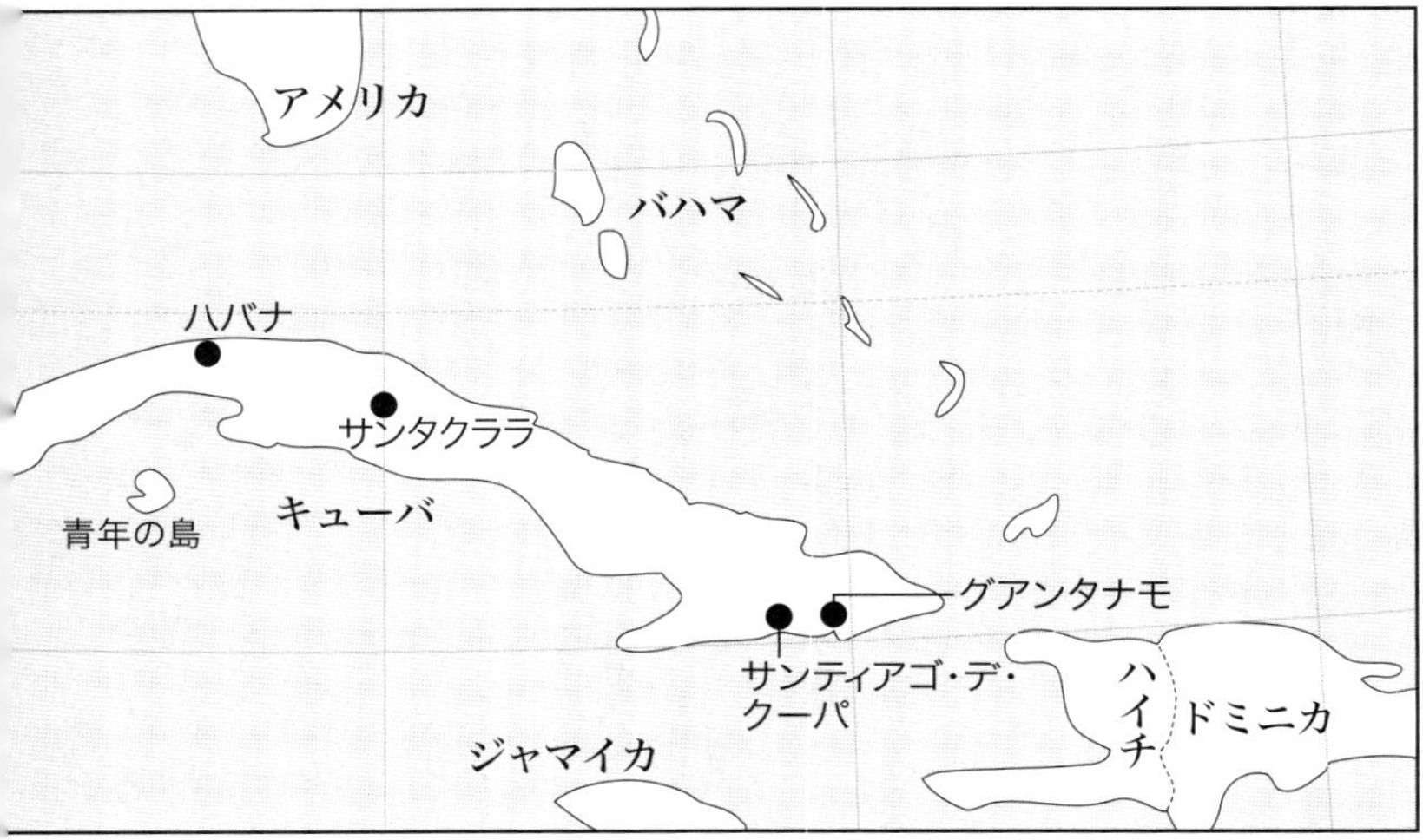

キューバ略年表

1492 年　コロンブスがキューバに到達
1509 年　スペイン総督によるキューバ統治開始
1898 年　米西戦争で米国が勝利し、キューバの支配権を獲得
1902 年　キューバ独立
1952 年　クーデターで独裁者バティスタが政権を握る
1953 年　カストロたちがモンカダ兵営を襲撃（7月 26 日）
1956 年　カストロやゲバラらがグランマ号でキューバに上陸
1959 年　独裁者が逃亡、革命成功（1月1日）
1960 年　農地改革の実施、米国が禁輸を開始
1961 年　米国が国交断絶宣言、キューバは社会主義革命宣言
　　　　米ＣＩＡによる反革命軍がキューバ侵攻、撃退
1962 年　米国は対キューバ全面的経済封鎖
　　　　キューバ・ミサイル危機
1965 年　カストロ主導のキューバ共産党結成
1967 年　チェ・ゲバラがボリビアで死亡
1970 年　フィデル「理想主義の誤り」演説
1975 年　第１回共産党大会（ソ連型の政治経済体制へ）
1976 年　社会主義憲法制定

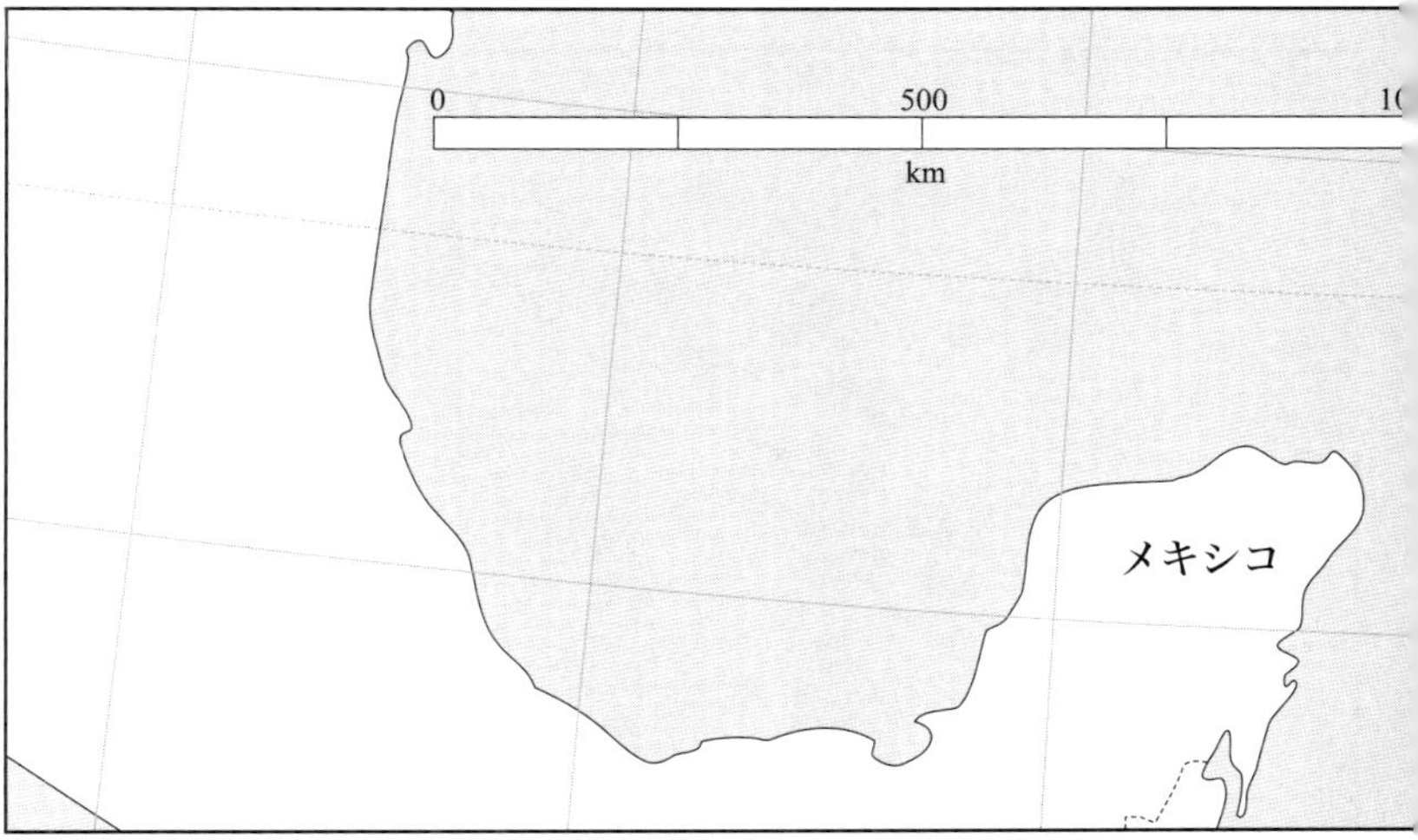

1980 年	第２回共産党大会（消費財重視を決定）
1986 年	第３回共産党大会（非能率、官僚主義、腐敗が問題に）
1989 年	カストロは「ソ連が崩壊しようともびくともしない」と演説
1991 年	第４回共産党大会（マルクス主義からマルティ主義へ）
	ソ連崩壊、ＧＤＰが 35%落ちた
1992 年	憲法を改正しキューバ革命の独自性を強調
	米国で対キューバ制裁のトリチェリ法
1996 年	米国がキューバ制裁強化のヘルムズ・バートン法
1997 年	第５回共産党大会（ラウルを後継者と確認）
2001 年	援助の名目で米国から食糧が入る、実質の貿易再開
2002 年	カーター元米大統領がキューバ訪問
	砂糖工場 156 のうち 70 工場を閉鎖、観光業重視に転換
2005 年	カストロが演説「革命は自壊しうる。壊すのは我々自身だ」
2006 年	フィデルの手術で弟ラウルに実権委譲
2008 年	移民法改正（出国に政府の許可不要となる）
2011 年	第６回党大会（所得格差を認める、弱者のみ救済の方針）
2014 年	国交回復交渉の開始を宣言
2015 年	米国との国交を回復

カナダ
アメリカ合衆国
メキシコ
キューバ
ベネズエラ
コロンビア
エクアドル
ペルー
ブラジル
ボリビア
チリ
アルゼンチン
0
2000
4000
Km
0
500
1000
km
バハマ
キューバ
ドミニカ
メキシコ
ジャマイカ
ハイチ
ベリーズ
グアテマラ
ホンジュラス
ニカラグア
コスタリカ
パナマ
ベネズエラ
コロンビア
エルサルバドル

序章　キューバと私たち

ソ連がキューバに配備したミサイル（2007 年撮影）

地球の歴史上、人類が自分の手で世界を滅亡させたかもしれない危機があった。その最大の事件が「キューバ危機」だ。

1962年の10月、ソ連がキューバに配備した核ミサイルをめぐって米国は強く反発し、米ソ両国がいつ核兵器のボタンを押してもおかしくない状況が13日間続いた。世界の人々は突然、地球規模での全面戦争の脅威にさらされた。核兵器が1発でも飛べば、目標となった都市は壊滅し、他の基地から相手に報復の核兵器が飛び、攻撃の連鎖となっただろう。

日本でも、当時の人口の9300万人が恐怖にさらされた。このとき山口県下関市の中学校では秋の中間試験に向かう時期だった。試験勉強していた中学1年の私は、勉強を放り投げた。世界はここ数日のうちに滅びるのだから勉強しても無駄だと観念したのだ。キューバで起きたことが地球の反対側の日本の、本州の西の端にいた一人の中学生に死を決意させた。

同じように死を覚悟した人は世界のあちこちにいただろう。それほど衝撃的な事件だった。13日後に危機が解決したため、あわてて試験勉強をするはめになったのだが……。ただ、世界はいつ崩壊するかわからないという観念はしっかりと頭に刻まれた。

✣日本を舞台に核戦争

それから半世紀以上もたった2015年3月、衝撃的なニュースが流れた。沖縄の米軍基地ではこのとき、実際に核ミサイルの発射命令が出たのだ。当時、沖縄の米軍基地には核ミサイルが32基も配備されていた。危機が起きた1962年の初め、読谷村《よみたんそん》の発射基地に核を搭載した地対地巡航ミサイル「メースB」が配備された。駐屯していたのは米空軍第八七三戦術ミサイル中隊である。キューバ危機が極致に達したのは10月27日だ。キューバで建設中のミサイル基地を上空から偵察した米空軍の偵察機U2型機が撃墜された。米統合参謀本部はキューバの空襲と全面侵攻をケネディ大統領に進言した。キューバ周辺には米軍の航空母艦数隻、巡洋艦2隻、駆逐《くちく》艦25隻が集結した。臨戦態勢である。

読谷村の発射基地に、嘉手納《かでな》基地のミサイル運用センターからミサイル4基の発射命令が無線で届いたのは緊迫した状況下の28日未明だ。普通ならすぐさま従うところだが、現場指揮官は首をかしげた。4基のうち標的がソ連だと命令されたのは1基だけだったからだ。他の3基は中国だ。しかも、発射の前の発射準備態勢に突入する指示もなかった。このため指揮官の判断で発射作業は中止された。後に、命令が誤っていたのだとわかった。

キューバ危機は、カリブ海の現地だけに起きたのではない。地球のあちこちにあった米ソの基地で、一触即発だったのだ。もし沖縄で指揮官がためらわずに発射ボタンを押していれば、最初に反撃されたのは日本だったかもしれない。当時、戦争が始まって指揮系統が途切れたときのために、米国政府は現場指揮官に判断をゆだねていた。感情的な、あるいは頭の固い軍人が現場の指揮を握っていれば、それだけで核戦争は起きる。

頭の固い軍人は、もちろん米国にもいる。実はキューバ危機が収束に向かおうとしたとき、米軍の好戦的な軍人はキューバを攻撃することにこだわった。ホワイトハウスでケネディ大統領に「我々は負けたのです。今日にでも敵地に乗り込んで、奴らをたたきのめしましょう」と叫んだのは空軍の参謀総長だ。名をカーチス・ルメイという。

彼は第二次大戦で日本を焼け野原にした張本人である。終戦の1945年1月に日本を爆撃する第二一爆撃集団司令官に就任すると、B29爆撃機による無差別爆撃を命じた。それまでの米軍は日本の軍事施設だけを狙っていたのに、住宅地も焼夷弾で焼き払うことにしたのだ。東京大空襲をはじめ全国の大都市、戦略には関係ない地方の中小都市への非人道的な爆撃、そして広島、長崎への原爆を投下したのも彼の部隊だ。「皆殺しのルメイ」「鬼畜《きちく》ルメイ」と呼ばれた。

その彼を戦後の日本政府は称えた。航空自衛隊を育成したという理由で1964年、彼は日本最高の勲章である勲一等旭日大綬章を授与された。日本の自衛隊は「皆殺し」将軍のもとで育てられたのだ。ルメイが暴走していたら、核戦争は実際に起きたかもしれない。

その後、核兵器は膨大な規模に膨らんだ。キューバ危機の時代とは比較にならないほど多くの核弾頭が世界中に配備されている。偶発的な核戦争の脅威は、今もある。集団的自衛権の発動で日本が米国の戦争に全面的に加担すれば、核は日本を標的とするだろう。

✣抵抗の勝利

冷戦の期間中、キューバの人々が感じた恐怖は、私たちの比ではない。米国の南端のフロリダ半

ハバナ郊外の道筋には「私たちは社会主義を持っており、持ち続ける」の言葉と国旗を描いた大看板が立つ（2007 年）

島の先のキーウェストからキューバまでは、わずか約160キロだ。東京と静岡より近く、大阪と岡山ぐらいでしかない。米国南部の空港から離陸した爆撃機は、ものの15分でキューバを爆撃できる。米国からキューバに海兵隊を送るのは、イラクやアフガンに送るよりはるかに簡単だ。

地球の反対側に派兵してイラク戦争を引き起こす米軍だ。ごく近い中南米にはこれまで米海兵隊が150回以上も侵攻した。最近でもグレナダやパナマの政権を武力で破壊した。米国はなぜ、すぐそばのキューバに侵攻しなかったのだろうか。

実は何度もキューバを侵攻しようとした。だが、つぶせなかったのだ。

キューバは米国に屈服することなく、ソ連が消滅して後ろ盾をなくしても自立を貫いた。今やキューバとの国交を断絶した米国の方が、逆に国交回復を求めるようになった。

背景にあるのが、米国の封じ込め政策の破綻《はたん》だ。長年、米国に追随していた中南米諸国は団結して米国の傘から抜け出した。かつて西半球で孤立していたキューバだが、今や逆に米国が孤立している。

ミサイル危機から半世紀余りの2014年1月、核兵器の乱開発に反対する声が中南米から上がった。中南米の33か国すべての国の首脳が参加した中南米カリブ海諸国共同体の首脳会議が「核兵器の全面的な廃絶を達成する緊急の必要性」を指摘し、中南米地域を「平和地帯」と宣言したのだ。

会議が開かれたのはキューバの首都ハバナだ。宣言を提案したのはキューバだった。かつての中南米は米国が主導する米州機構が牛耳って、米国の言うことを聞かなかったキューバは排除されていた。今やキューバを含む中南米諸国が結束して新しい組織を創り上げ、これまでとは逆にアメリカを除いて自立した仕組みに変え、独自の主張をするに至ったのだ。

米国は第二次世界大戦で勝利し、戦後の冷戦も勝ち抜き、ソ連が崩壊したあと唯一の超大国となった。政治だけでなく経済でもコカ・コーラやマクドナルドなどが世界に広がり、インターネットでも世界をリードし、グローバル時代を率いる覇者として君臨した。その中で唯一、勝てなかったのがベトナム戦争だ。そして、今もう一つ、すぐそばで反米の旗を掲げたキューバもつぶせなかった。

耐えぬいたキューバの、抵抗の勝利だ。

Ⅰ章　キューバを取り巻く新しい世界

アメリカの農産物を積んでハバナ港に入港する貨物船（2007 年）

1. 国交回復の衝撃

✣失敗した孤立政策

半世紀以上も敵対関係にあった米国とキューバが国交の回復に向けて交渉を開始するというニュースが２０１４年12月、世界を驚かせた。

「今日、米国はキューバの人たちとの関係を変える。過去50年以上の間で最も重要な政策変更として、時代遅れの政策を終わらせる」と興奮気味に語ったのはオバマ米大統領だ。かたやキューバのラウル・カストロ国家評議会議長は国民向けに「米国と外交関係の再構築で合意した」と淡々と述べた。

オバマ大統領とラウル・カストロ議長は２０１５年４月、和解を目的とした会談を中米のパナマで行った。１９６１年の国交断絶から、実に54年たっての歴史的な首脳会談である。

国交交渉を宣言したオバマ大統領は「この50年が示したのは、キューバを孤立させる政策が機能しなかったということだ」と語り、米国の歴代政府によるキューバ孤立政策を「失敗」と言い切った。

オバマ大統領は２００９年に就任した直後、キューバに親族がいる米国人のキューバへの渡航や送金の制限を緩和した。長年にわたってさまざまな米国大統領を相手にしてきたフィデル・カストロは「オバマは誠実な人間だ」とエールを送っていた。オバマ氏の任期中にキューバとの関係が改善に向かうという観測が、当時から流れていた。

実は、国交回復に向けてのひそかな交渉が始まったのは2013年6月だ。カナダが場所を提供し、米国はローズ大統領副補佐官が代表となり秘密のうちに詰めたのだ。流れを加速させたのがバチカンのローマ法王の仲介だ。2013年に就任したフランシスコ法王は両首脳に対話を促す手紙を送り、国交正常化の前提となる政治犯の交換を促した。バチカンも両者の対話の場所として提供された。

国交正常化の発表の直前、キューバ政府は2009年から拘束していた米国のアラン・グロス氏を米国に帰した。米国もキューバが釈放を長年要求していたキューバの工作員3人をキューバに送還した。

✣米国によるキューバへの干渉

そもそも、なぜ国交が断絶したのだろうか。断絶後のキューバとアメリカはどんな関係にあったのだろうか。

国交断絶を一方的に通告したのは米国だ。キューバ革命から2年後の冷戦時代のさなか、1961年にアイゼンハワー大統領が行った。

その前年から両国の関係は険悪だった。生まれたばかりのカストロ政権を米国は承認しなかった。不和に輪をかけたのが農地改革だ。

キューバの革命政府は大土地所有制度を廃止し、大農園を接収して貧しい人々に農地を分けた。第二次大戦後の日本でマッカーサー連合国軍最高司令官が行ったのと同じような農地改革をしたのだ。接収された大土地の多くが、米国人の地主や米国の大企業の土地だった。接収と言っても没収したのではなく買い取ったのだ。しかし、革命政府にはカネがなかった。革命で倒された独裁者バティスタが国庫のカネを持ち逃げしたからだ。

土地や資産を接収された米国の地主や企業は怒った。彼らの訴えを受けた米国の政府は、キューバに対する制裁を始めた。キューバから毎年買い付けていた砂糖の買い上げを拒否し、キューバへの石油の供給も止めた。当時のキューバ経済は完全にアメリカに頼っていたから、こうすればアメリカのいうことを聞くだろうと思ったのだ。

ここで顔を出したのがソ連である。当時は冷戦のさなかで、ベルリンをめぐる危機など米ソの対立が急速に高まった時期だ。ソ連は米国から迫害されたキューバを味方に引き入れようとした。アメリカが拒否した砂糖をそっくりソ連が引き受け、アメリカが送らなかった石油をソ連が供給すると申し出た。キューバ政府は飛びついた。

しかし、ソ連からキューバに送られた原油は精製しなければ使えない。キューバにあった製油所はほとんどが米国の企業で、ソ連製原油の精製を拒否した。このためキューバ革命政府は米国の石油製油所を国有化した。米国はキューバ向け商品の部分的禁輸を命令した。キューバに物資不足を起こして国民の不満を高まらせ革命をつぶそうとしたのだ。両者の対立はエスカレートした。

米国は1961年1月、キューバに対して国交の断絶を通告した。

米国に逆らう国は武力でつぶそうとするのが、今も昔も変わらぬ米国の政策だ。当時は今よりもあからさまだった。3か月後、アメリカに亡命していたキューバ人約1500人が武器を手に、キューバ南部のコチノス湾（英語名ピッグズ湾）のプラヤ・ヒロン（ヒロン浜）に上陸した。作戦を計画し資金や武器を提供したのは米国政府の情報機関、米中央情報局（CIA）だ。

キューバの革命軍は迎え撃った。カストロ自身も戦車で戦った。侵攻はわずか72時間で撃退された。これでキューバと米国の対立は決定的となった。翌1962年には、米国は全面禁輸の経済制裁に踏み切った。

米国政府がキューバをテロ支援国家に指定したのは1982年だ。タカ派だったレーガン大統領の時代である。当時、爆弾テロを繰り返していたスペインの「バスク祖国と自由」（ETA）や南米コロンビアの左翼ゲリラ、コロンビア革命軍（FARC）のメンバーをキューバ国内にかくまったとして、キューバに対する武器の輸出・販売や経済支援を禁じる制裁を科した。キューバ側は、彼らは立ち寄っただけだと反論した。

キューバの後ろ盾になっていたソ連が1991年に消滅すると、米国の議会はキューバに対する経済制裁を強め、一気にキューバをつぶそうとした。92年には提案した議員の名からトリチェリ法と呼ばれる「キューバ民主化法」が成立した。キューバへの送金の禁止、キューバへの渡航の禁止、キューバ国内の民主化勢力の支援などを織り込んだ。96年にはヘルムズ・バートン法と呼ばれる「キューバ自由民主主義連帯法」が発効した。キューバを国際金融機関から排除したほか、キューバ産がわずかでも含まれた物資は米国に輸入できず、キューバに寄港した船は180日間、米国に入港できないようにした。

米国自身による制裁のほか、周辺のカナダや中南米諸国も動員してキューバを孤立させようとした。1962年には西半球のすべての国を網羅する米州機構（ＯＡＳ）からキューバを除名した。94年にクリントン大統領のときに始まり西半球のすべての国の代表が集まる米州首脳会議からも、キューバは排除された。当時の中南米は「米国の裏庭」と呼ばれ、米国の植民地のような状況だった。米国はキューバを孤立させて革命政権をつぶそうとしたのだ。

しかし、つぶせなかった。

❖急速な正常化

いったん動き出した国交正常化の歯車は急速に成果を出した。キューバは交渉の障害となっていた反政府派市民53人を直ちに、すべて釈放した。オバマ大統領は年明けの2015年1月、大幅な制裁緩和をした。それまで米国政府は米国人がキューバに渡ることを禁じていたが、キューバにいる家族の訪問や公的なビジネス、教育、文化、宗教さらに取材、研究活動など「目的を持った渡航」のためならすべて渡航を許可した。

米国からキューバへの送金も、それまでは3か月に500ドルまでに制限していた。キューバ経済を締め付けるためだ。これを2000ドルに引き上げた。年間なら8000ドルで、約100万円も送金できることになる。さらに米国の市民が人道目的や民間の団体向けに送るなら制限を撤廃した。現金を直接手渡すために家族がキューバに行く場合や教育、宗教団体がキューバに入るときには1万ドル、約100万円以上も持ち込めることになった。キューバを訪れた米国人が400ドル相当まではキューバで買ったものを米国に持ち帰ることができるようになった。これでキューバに米ドルがなだれ込み、米国人はキューバで大手を振って買い物するようになった。

それだけではない。これまで禁止していた米国からキューバへのコンピューターや通信機器の輸出を許可した。民間に向けた建設資材の輸出も許可した。金融では民間の商業取引を許可し、キューバ国内での米国のクレジットカードによる決済を認めた。これまでキューバに寄港した船は180日間米国に入港できなかったが、人道目的や緊急時には制限を解除することにした。

こうした動きが進む中、首脳会談が行われた。南北アメリカ大陸の35か国すべての国の首脳が集まる米州サミットの第7回会議が2015年4月、パナマで開かれた。それまで米国によって排除されていたキューバは、初めて参加した。中南米諸国はキューバの参加を強く求めていたのだ。

サミットの開幕式典を前に、会場で対面したオバマ氏とラウル・カストロ国家評議会議長は握手を交わし、同じ列に座った。オバマ大統領は演説で「我々は過去のとりこにはならない。未来を向いていく」と語った。ラウル・カストロ議長も「オバマ氏以前の10人の米大統領はキューバに対して負の責任があるが、オバマ氏は別だ。敬意をもって対話する」と応えた。

2人はさっそく非公式の会談をした。両国の首脳会談は国交断絶後で初めてだ。オバマ氏は「これは明らかに歴史的な会談だ」と切り出した。会談後の記者会見でオバマ大統領は「キューバに体制転換を求めるつもりはない。キューバは米国の脅威ではない」と明言した。米国の大統領によるキューバ敵視政策の終了宣言である。ラウル・カストロ議長は「われわれには多くの違いがあるが、前に進んでいく」と積極的な姿勢を強調した。

会談から帰国してすぐ、オバマ大統領はキューバに対するテロ支援国家の指定の解除を承認し、議会に通告した。

大統領の権限で可能なことを、オバマ大統領は次々に行った。米国とキューバの関係は急速に前進している。

そうなったのには、明確な理由がある。

2. 米国はなぜ国交正常化に踏み切ったのか

米国の対キューバ政策を変えたのはオバマ大統領だが、オバマ大統領の個人的な考えから政策が一転したのではない。大統領がオバマでなくても米国はキューバへの姿勢を変えるはずだった。

それには大きく2つの理由がある。

まず米国の内部の事情だ。米国の中で反カストロや反共を掲げ、対キューバ封じ込めの先頭に立っていたキューバ系米国人社会の変化だ。キューバに武力侵攻してカストロ体制を覆そうとしたタカ派が世を去り、社会主義キューバの存在を認めつつ和解を進めようとする考えが主流になった。対立解消の足を引っ張る人々がいなくなったのだ。

それどころか、キューバをきちんと認めた方が利益になると考え、正式に付き合おうという勢力が増した。農産物業界を中心とする経済界である。同じ社会主義の中国とも貿易しているではないか。だったらキューバを貿易相手にして金もうけしよう、と考えるビジネスマンたちが全米規模で急速に増えた。彼らは地域の政治家、ワシントンの議会やホワイトハウスにもロビー活動をし、キューバとの正式な外交、経済関係を結ぼうと積極的に工作した。

こうした内部の変化以上に、国外関係は大転換した。かつて米国の裏庭と呼ばれ米国の言うなりにキューバを排除してきた中南米諸国の対米自立である。1999年の南米ベネズエラを皮切りとして左翼政権が次々に生まれ、反米もしくは米国の言うことをきかない政権が中南米の大半を占めるようになった。このため米州でキューバを孤立させる政策が機能しなくなった。それどころか、逆に米国が孤立するようになった。

変化を具体的に見よう。

■米国の内部事情

✣制裁しながら貿易

クイズを出してみよう。キューバに援助している国の中で、最大の援助国はどこだろうか。ちなみに日本は４位だ（２０１２年）。普通に考えれば同じ社会主義の中国や、かつての同盟国ロシアが頭に浮かびそうだ。

正解はアメリカである。経済制裁で敵対している米国が最大の支援国だなんて、何かの間違いではないかと思うだろうが、事実である。一口に「援助」と言うが、本当の人道支援から、相手国の反政府派への資金協力、さらには「貿易」にリンクするものもある。

アメリカの大義は民主主義だが、対外政策は別だ。反共を掲げるものの基本的には相手がアメリカの役に立つこと、つまり経済的にもうかることが重要で、主義など実はどうでもいいという立場である。だから中南米の軍事独裁政権を支援してきたし、アジアでは台湾を捨てて中国を選んだ。

対キューバ政策を制裁解除に向けたのも経済である。制裁を解除した方がカネもうけできると気付いた時点で、アメリカでは大きな変化が起きた。

きっかけはテロと災害だ。２００１年にニューヨークで起きた９・11テロで、米国は敵の照準をイスラム諸国に当てた。相対的にキューバは、問題にならなくなった。いや、イスラム諸国を孤立させるために中南米諸国の支持が必要になった。

その2か月後、大規模なハリケーン「ミッチェル」がキューバを襲い、大きな被害が出た。数日後、米国政府はキューバに人道援助を申し出た。被災者のために食糧を送ろうとした。米国の議会も超党派で経済封鎖を一部解除する法案を可決した。

これに対してフィデル・カストロは「経済封鎖をしている国から援助は受けない。だが、せっかく用意されているなら、買おう」と言い出した。1か月後の12月、ハバナ港にトウモロコシや鶏肉などを積んだ米国の貨物船が入港した。1962年に米国がキューバへの全面禁輸を宣言して初めて、約40年ぶりに援助に端を発した実質的な貿易が再開したのだ。

その量が半端ではなかった。わずか3か月でキューバに入港した貨物船は20隻で3500万ドル相当の食糧を荷揚げした。それが慣例となった。1年間で1億7400万ドルになった。2年目は4億1600万ドルに達した。2003年には米国はキューバへの最大の食糧供給国となった。この年、キューバが輸入する相手として米国は5位になった。米国にとってキューバはそれまで貿易相手の226位、つまり最下位だったが、一挙に35位に躍進した。その後も増える一方だ。

なぜ、そうなったのか。それはキューバとの貿易が米国企業の利益になるからだ。

✤オバマの地元

キューバの人口は約1100万人で、カリブ海域で最大の人口を抱える。米国企業にとってみれば巨大な空白の市場だ。距離が近いだけに輸送費もかからない。とくに新鮮さが売り物の農産物業者にとって、身近な市場を開拓することは夢だった。小麦や大麦、牛肉などの農牧業が盛んな北西部のモンタナ州からは民主党、共和党の議員や農業経営者の代表団がキューバを訪問して産物を売り込んだ。

これを見ていきり立ったのがイリノイ州の農産物業者だ。シカゴを抱えるイリノイ州は大豆やトウモロコシなどの一大産地だ。キューバに売り込もうと躍起になった。その声を受けて２００４年にイリノイ州の上院議員選挙で当選したのがバラク・オバマで、２００９年に大統領となった。オバマ大統領の政策の背景には地元イリノイ州の業者による強力な突き上げがあるのだ。

ソ連が崩壊しキューバからソ連や東欧の勢力が撤退した１９９１年、実は米国の業者は政治とは関係なく市場としてキューバに目をつけていた。しかし、米国政府自身がキューバとの貿易を禁じていて手が出ない。この間にカナダや欧州の業者がどんどんキューバに進出した。米国の企業は指をくわえて見ているしかなかった。

米国とキューバの関係が正常化すれば食料部門だけで貿易額は年間12億ドルに達し、貿易の総額は36億ドルに上ると、すでにワシントンの研究機関がはじき出していた。もうける機会をみすみす逃すことになると焦っていた米国の業者にとって、テロとハリケーンは救いの女神だったのだ。

２００３年12月にキューバの首都ハバナで貿易再開２周年を記念する会合が開かれた。私も行った。開会のあいさつに立ったキューバ貿易食料輸入公社のペドロ・アルバレス総裁は「隣人同士だ。制限なしに交易しよう」とあいさつして米国の業者から喝采を浴びた。会場には米国の29の州から

140社257人が詰めかけた。出席者からは「もっともうけるために経済制裁の全面解除を米国の議会に働きかけよう」という声が上がった。

食料品だけではない。キューバ沖には推定46億バレルの海底油田が眠っているが、早々と出てきた欧州の企業が掘削の権利を得た。米国の企業は自ら市場から締め出された格好で、今回も指をくわえるだけだった。だから米石油メジャーも経済制裁の解除を望んで政府に働きかけたのだ。

キューバへの経済制裁をなくそうというのは、何よりも米国側の経済的な思惑なのだ。それを邪魔していた政治的な事情が変化してきたので、足かせがとれた格好だ。

政治的な事情とは、「内部の敵」が消えたことである。

✥リトル・ハバナ

米国内の政治的な変化を象徴するのが、米国南部フロリダ州マイアミのキューバ人社会だ。かつてこの街には革命を嫌ってキューバから亡命した人々がひしめいていた。在米キューバ系移民は2010年現在で1785万人だが、うち121万人がフロリダ州だ。中でもマイアミは亡命キューバ人の人口が100万人を数え、市長が亡命キューバ人だったこともある。この街を私が初めて訪れた1984年も、そんな状況だった。

このとき、マイアミの空港に降りて驚いた。アナウンスがスペイン語だ。空港内の売店で店員が話すのもスペイン語である。歩いている人々もヒスパニックと呼ばれる中南米から来たラテン系の

米マイアミの公園にあるピッグズ湾侵攻記念碑

顔立ちをした人が圧倒的に多い。

マイアミの空港は中南米各地の空港と直結している。ブラジルなどの南米やニカラグアなどの中米、そしてジャマイカなどのカリブ海の国々と米国を結ぶのが、このマイアミ空港だ。当時はブラジルからメキシコに行くにも直行便が週に2便しかなく、それをはずせばブラジルから米国のマイアミに飛んで、飛行機を乗り換えてメキシコに行くしかなかった。マイアミは事実上、中南米の首都だった。だから中南米の人々がひしめいていたし、米国の中でもとりわけ中南米の人々が多く住んでいたのだ。

街には亡命キューバ人が固まって住む地区があった。コーヒーや葉巻の香りが漂う下町の「リトル・ハバナ」だ。２００３年に訪れると、「クバニートス（キューバ人ちゃん）」という名のショッピングセンターなど、「キューバ」という名を付けた店がひしめく。「ラ・グロリア（栄光）」という名の葉巻工場もある。建物の窓からキューバ国旗が垂れ、看板や表示はスペイン語だらけだ。

キューバ料理のレストランやキューバ・グッズを専門に売る土産物屋もある。キューバの国旗やキューバの風景を描いたキーホルダーなどが並ぶ。

小さな公園があり、六角形をした黒い大理石の記念碑が建つ。「ピッグズ湾侵攻記念碑」だ。碑の上には炎が揺らぐ。侵攻のさいの犠牲者を追悼するためだ。キューバ革命から2年後の1961年4月、亡命キューバ人がキューバに攻め込み、革命軍に撃退された。碑には「攻撃部隊の犠牲者たちへ」と彫ってある。

碑の台座に座っている老人がいた。ラファエル・レイバさん。キューバ革命を支持し革命後は教師をしていたが、反政府的な発言をしたため投獄されたという。亡命してニューヨーク州で果樹農園をしていたが心臓の病気を患い、寒さを避けてマイアミにやってきたばかりだ。「子ども2人がまだキューバにいる。キューバが解放されたら、すぐに帰るさ」と話した。

❖反革命武装組織

「アルファ66」という亡命キューバ人の武装組織の本拠を訪ねたのは1989年だ。22番街の408番地。入り口には「キューバ解放」と書かれている。壁には一面に大きなキューバの地図が描いてある。中央には赤、緑、白色の結社の旗が掲げてある。赤は血を、緑は希望を、そして白を指さして「この色のために戦っている」と言ったのは代表アンドレス・ナサリオさん。かつて彼はキューバ革命軍の司令官の一人でフィデル・カストロの同志だった。しかし、米国がキューバと国交断絶した1961年1月、4人の司令官ら34人が2隻のボートに分乗してマイアミに亡命した。

ナサリオさんは「カストロとともにキューバのエスカンブライの山に立てこもり、革命のために戦った。しかし、カストロは私たちをだまして全体主義の国をつくった。革命は裏切られた。武力でカストロ体制を転覆しようと攻め込んだが、失敗した。再度、武力侵攻しようと仲間を募り、66人のメンバーで61年10月に組織を結成した」と語る。

キューバに近いドミニカ共和国にキャンプをつくって武装訓練をし、これまでに14回、キューバに攻撃部隊やゲリラ部隊を送った。武器は米国政府の協力で手に入れたという。中央情報局（CIA）のことだ。67年にはカストロの暗殺計画を実行したが果たせなかった。キューバの砂糖工場の爆破なども何度も行った。米国内はもちろん、韓国や台湾をメンバーが訪れて反共の宣伝活動もしているという。

奥の部屋にはキューバ向けの地下ラジオ放送局があり、倉庫にはバズーカ砲や弾薬が積んであった。キューバ侵攻が決まればすぐに集まる戦闘員が米国内に4～5000人いるとも語った。米国内に43の支部を持っており、小切手の資金カンパは1日当たり100～200ドル集まると言う。

「カストロはもう老いた。国民は彼の考えとは別のことを望んでいる。国内の不満勢力が増えている。我々は今も反乱を計画しているが、もはや戦力を送らずともカストロ体制は自壊するだろう」と自信満々に語った。

✣武力侵攻から和平へ

それから14年後の２００３年にリトル・ハバナを訪れると、様相は一変していた。もはや武装組織は消えていた。

当時の反カストロの最大組織は「マイアミ・マフィア」と呼ばれたキューバ系米国人財団（ＣＡＮＦ）という団体だ。５万人の寄付者を抱え、米国の政治家に多額の寄付をしてカストロ政権への経済制裁強化をあおっていた。キューバでの爆弾テロや飛行機のハイジャックを起こした事件の黒幕でもあった。

だが、その代表で「カストロとどちらが先に死ぬかでキューバの将来が決まる」と言われていたホルヘ・マスカノサ氏が１９９７年に死亡した。跡を継いだビジネスマンの息子は２００２年、キューバ政府との対話を主張した。組織の方針は和平に変わった。

本部を訪れると、説明してくれたのは執行役員だ。「我々の活動は、キューバが平和的に民主主義に移行するよう働きかけることだ。昨今はキューバでも選挙が行われるようになった。キューバは外部からではなく、キューバにいるキューバ人が社会変革を担うべきだ。いまだに武器でキューバに侵攻しようと夢を見ている人もいるが、気が狂ったとしか思えない」と語る。その名を見て意外な気がした。ジョー・ガルシアさん。名をスペイン語でなく英語にしている。もはや自分をキューバ人ではなく米国人と意識している。

二番目に大きな組織「キューバ民主化委員会」を訪ねた。代表のアルフレド・ドゥラン氏は弁護士で、父親は革命前のキューバで上院議長だった。ドゥラン氏自身、「英雄的な感情に駆られて」1961年のキューバ侵攻に参加し、捕虜として1年半、キューバの刑務所にいた。その彼も武闘派から和平派に転換した。

「経済封鎖はベルリンの壁をキューバの周りに築くようなものだったが、キューバの体制を何も変えられなかった。失敗した政策だ」と語る。その口から思いがけない言葉が出た。「1993年からこれまで、キューバに4、5回、正規のルートで行った。将来、国交関係が回復したときの法的な対応やビジネスについて話し合うためだ」と言う。別れ際には「もうこれ以上、キューバ人同士の血を流したくはない。対話を通じるのが一番だ」と断言した。

この時点でマイアミには172のキューバ系政治団体があった。大組織が和平に路線を転換すると、他もならった。キューバ系書籍の本屋を経営するファンマヌエル・サルバト氏はかつてカストロとともに革命を支えた学生組織の指導者だったが、社会主義に反対して亡命し、1963年にはキューバに潜伏してテロをしたこともある。その彼も、カストロ打倒を叫ぶのをやめた。

こうした変化の背景にあったのが、亡命社会の構造の移り変わりだ。

この時点で革命から40年以上が過ぎ、1960年代に米国に逃れて反カストロを叫ぶ政治亡命者は少数派となった。多数派は80年代に押し寄せた経済難民や90年代以降の出稼ぎ者である。亡命者の子どもたちはもはや自分をキューバ人でなく米国人だと認識する。経済的な理由で米国に来た人々は年に一度はキューバに帰り、キューバに残る家族に送金する。彼らは経済封鎖に反対だ。

２００３年２月、米国の民間調査機関が世論調査をした。マイアミ市民の61％がキューバとの和解を支持した。10年前は72％がキューバへの軍事行動を支持したが、武力と和平は逆転した。

米国の中で最も反カストロ感情が強いマイアミでさえ、こうだ。まして他の米国民にとっては、キューバへの制裁があろうとなかろうと、どちらでもよかった。

✣世論の変化

こうした流れを受けて、米国の世論も変わった。

２０１２年には民主党のバーバラ・リー議員を団長とする議員団がキューバを訪問した。リー議員は９・11後の米議会でブッシュ大統領が提出した法案にたった一人だけ反対した気骨ある女性議員である。彼女はハバナで「国交正常化を急ごう。意見の違いはあとで解決すればよい」と述べた。オバマ政権下で米議会の代表団がキューバを訪れたのは、これが初めてだ。

２０１４年に入ってからの動きは急だった。

世論調査で米国民の56％が両国の関係改善を求めていることがわかった。キューバに対して強硬な態度をとるよう主張する雰囲気が強いマイアミを抱えるフロリダ州では、それを上回る60％だった。フロリダ大学の調査では、95年以降に米国に移住してきたキューバ人の80％が国交正常化に賛成した。

5月には全米商工会議所のトマス・ドナヒュー会頭がキューバを訪れ、「米国とキューバが関係を改善するのは、今しかない。長年の政治の壁を取り払い、米国政府は米国の歴史に新しい一章を開くべきだ」と力説した。同じ月、米国の元高官44人が「対キューバ政策で米国は国際的に孤立している。キューバへの制裁を緩和すべきだ」という公開書簡をオバマ大統領に提出した。6月、ヒラリー・クリントンが出版した回顧録で、「私はオバマ大統領にキューバへの経済封鎖を見直すよう促し続けてきた」と書いた。

国交回復に向けてオバマ大統領が宣言する2か月前の10月、ニューヨーク・タイムズ紙は「いまや対キューバ関係を修復するときだ」と題した社説を掲げた。任期の少なくなったオバマ大統領だが、キューバとの国交回復という歴史的な偉業を成し遂げるべきだと主張した。

「国際的に孤立」の見本が、国連だ。2015年10月に開かれた第70回国連総会で、米国による対キューバ経済封鎖の解除を求める決議案は賛成191、反対2の圧倒的な賛成を得て採択された。反対したのは米国とイスラエルだ。日本を含めて国連に加盟する193か国のうち99%が賛成した。

実は、国連総会でこの決議が採択されるのは、1992年以来、24年連続なのである。反対が米国とイスラエルだけというのも、ここしばらく続いてきた現象だ。この2国のほかに反対票を投じてきたパラオは、2010年から棄権に転換した。秋の国連総会が近づくたびに米国は多数派工作をしたが、逆に米国離れが進んだ。

米国離れをあからさまに展開したのが中南米諸国だ。かつて「米国の裏庭」と呼ばれて米国の言いなりになっていた国々が米国から自立し、キューバと協調するようになった。

■米州の形成逆転

中南米には33の国がある。南米にアルゼンチンやブラジルなど12か国、中米にメキシコやパナマなど8か国、そしてカリブ海にはキューバなど13の島国がある。

33の国は内政では違いがあっても、外交政策はほとんど共通していた。一言で言えば米国への追随だ。中南米でたまに反米政権が生まれると、すかさず米国のＣＩＡが画策してクーデターを起こさせた。それが難しければ米海兵隊が侵攻して反米政権を武力で打倒した。米海兵隊は１８０６年にスペイン領だったメキシコに攻め入ったのを皮切りに、１９８３年のグレナダ侵攻や89年のパナマ侵攻まで、中南米だけで約１５０回も侵攻した。ゲバラがキューバ革命に参加するきっかけとなったのは、１９５４年に中米グアテマラの政府が米ＣＩＡが用意したクーデターで打倒された事件である。

このように米国は中南米を武力で支配した。メキシコに「メキシコの悲劇は、天国からはあまりに遠く、アメリカにはあまりに近いことだ」ということわざがある。それは中南米すべての国に共通する意識だ。

ベネズエラ政府が運営する民衆銀行の壁にはゲバラのポスターが！（2010年）

✣ベネズエラのチャベス

こうした中で、最初に反米の旗を掲げたのが南米のベネズエラだった。

　1998年のベネズエラ大統領選挙で勝ったのは、「貧者の救済」を掲げたウゴ・チャベスだ。元軍人で、陸軍中佐のときにクーデターを起こして失敗し投獄されたが国民の赦免《しゃめん》運動で釈放された。このあたりの経歴はキューバのカストロに似ている。彼は99年に大統領に就任すると、この国の唯一の収入源の石油から得られた利益を貧しい人々の生活支援に向けた。学校や診療所を建て、貧しい人が無料で治療を受け、学べるようにした。これもキューバ革命と同じだ。

　これはまずいと見た米国は2002年、手を出した。CIAがおぜん立てしてベネズエラの軍部にクーデターを起こさせたのだ。蜂起した軍が大統領官邸を占拠してチャベスを拉致し、経済界の代表が新大統領に就任したことをテレビで宣言した。チャベスは米国が差し回した飛行機で亡命させられるはずだった。

これまでの中南米なら、これで片が付いたが、このときは違った。ベネズエラの多数の市民が大統領官邸を囲んで抗議行動を起こし、チャベスを支持する軍人が出動してクーデター派を官邸から追い出した。一時は死を覚悟したチャベスは救出され、大統領に返り咲いた。

このとき私は朝日新聞のロサンゼルス支局長をしていた。ベネズエラに取材に入ったとき、すでにクーデターは失敗していた。始まりから失敗までわずか30時間だ。クーデターを阻止したベネズエラ市民の力に驚嘆したが、それ以上に印象的だったのはＣＩＡの実力の低下だ。

過去の歴史でＣＩＡが失敗したのはキューバに反革命軍を侵攻させたピッグズ湾事件くらいである。キューバの場合は革命政権が組織的に動いて反革命を撃退したが、ベネズエラでは市民が自発的に大衆行動を繰り広げて米国政府の謀略を阻止した。中南米の歴史上、画期的な事件である。

これを機にチャベスはあからさまな反米、親キューバ路線に舵を切った。それは中南米が「反米大陸」になる先触れでもあった。

✣反米政権ラッシュ

この時期の中南米に生まれた大統領はいずれも個性的で、人間的にも面白い人だらけだ。

チャベス政権転覆のクーデターが失敗した２００２年、南米で最大の大国ブラジルの大統領に左翼労働者党のルーラが当選し、翌2003年に就任した。彼は貧しい農家に生まれて7歳から靴磨きをし、小学校を中退して日系人のクリーニング店に住み込んで働いた苦労人である。

労働組合運動で頭角を現し、軍政時代には地下活動しながらゼネストを指導した「お尋ね者」が大統領になったのだ。就任すると農地改革を進めた。ブラジルではかつてのキューバのような大土地所有制が続いていたが、貧しい農民が土地を手にした。同じ年、南米第二の大国アルゼンチンで左派のキルチネルが政権に就いた。貧しい大衆の味方として名高いエビータことエバ・ペロンの夫が率いたペロン党の代表である。

2004年には中米パナマでマルティン・トリホスが大統領に当選した。彼の父オマール・トリホスは民族主義者で、米国からパナマ運河を返還させる条約を結ぶことに成功したパナマの英雄だ。謎の飛行機事故で亡くなったが、この事故もCIAが黒幕にいるといううわさが流れた。イギリスの小説家のグレアム・グリーンが『トリホス将軍の死』で書いている。

同じ年、南米のウルグアイでは左派のバスケスが大統領に当選した。貧しい家庭の生まれで少年時代は日雇いの肉体労働で家計を助けた。南米のスイスと呼ばれるほど豊かなこの国で、貧困層出身の初めての大統領だ。

2005年には南米の中央部にあるボリビアで、明確に反米を掲げる社会主義運動党の党首、エボ・モラレスが大統領に当選した。この国で初めての先住民出身の大統領だ。彼は就任式のさい、こぶしを突き上げて「この闘いは、チェ・ゲバラに続くものだ」と叫んだ。ボリビアで戦死したゲバラの遺志を受け継ぐ意味を込めたのだ。

モラレスはボリビアのコカ生産組合の組合長でもあった。コカは麻薬であるコカインの原料にもなるが、もともとは日本茶と同じようなコカ茶の原料だ。ボリビアの人々は日本人が日本茶を飲むように、ふだんコカ茶を飲む。ところが米国でコカインが流行すると、米国はコカ茶畑を焼き払うようボリビア政府に要求した。米国べったりだったボリビア政府は軍を動員してコカ茶畑を火炎《かえん》放射器で焼いたが、畑が広すぎて撲滅できない。すると米軍は畑の上空から枯葉剤をまいた。

怒ったのがボリビアの人々だ。それはそうだろう。たとえば日本の静岡や宇治の茶畑の上空に米軍が枯葉剤をまいたら日本人は怒るだろう。最も強く怒ったのがコカ茶を生産する農民だ。反対運動の先頭に立ったのがコカ生産組合で、その先頭にいたのが組合長のモラレスだ。

なぜ米国のためにボリビアの伝統産業をつぶすのか、と彼は国民に訴えた。悪いのはコカを麻薬にするマフィアと、それを買う米国の消費者であり、コカ茶やコカを飲む人々に罪はない。米国のために国民を犠牲にするような政治ではなく、ボリビア国民のためになる政治に変えよう、と訴えて大統領選挙で勝ったのだ。

２００６年には南米三番目の大国チリで社会党のバチェレが当選した。チリで初の女性大統領だ。この国では１９７３年に軍部がクーデターを起こした。そのさいバチェレは逮捕、拷問され、のちに亡命を強いられた。彼女の父親は当時、空軍の司令官だったがクーデターに反対したため逮捕され、獄中の拷問で殺された人である。このクーデターを画策したのが米ＣＩＡだった。同じ年、南米ペルーでは中道左派、アメリカ革命人民同盟のガルシアが当選した。彼は１９８５年にも大統領となり、「最も貧しい人々の政府となる」と宣言した。米国主導の国際通貨基金（ＩＭＦ）に反発して債務の返済を拒否した人だ。

✤左翼ゲリラが選挙で大統領に

この年は中南米の国で大統領選が相次いだ。中米のニカラグアで勝利したのは左翼サンディニスタ民族解放戦線のオルテガだ。サンディニスタとは１９２０年代に米海兵隊のニカラグア駐留に反抗してゲリラ戦を展開したサンディーノ将軍から生まれた名である。１９７９年の革命で政権を握ったさいに大統領に就任したのが、このオルテガだ。内戦が終了後は中道や右派が政権を握っていたが、オルテガは16年ぶりに政権に返り咲いた。

同じ２００６年にペルーの隣のエクアドルでは反米左派のコレアが当選した。前の政権で経済相だったが米国との自由貿易協定に反対したため大臣を罷免《ひめん》され、かえって国民の人気を得た。コレアはやがて、ベネズエラのチャベスやボリビアのモラレスとともに反米の急先鋒となった。この年の国連総会でチャベスは当時のブッシュ米大統領を「悪魔」と呼んだが、コレアは「間抜けなブッシュと比べるなんて、悪魔に失礼だ」と言った。

２００７年には中米グアテマラで中道左派のコロンが当選した。この国は36年間にわたって内戦が続き、その後は米国の言うなりに動いていた元軍人ら右派勢力が三代続けて政権を握った。そこに社会民主主義を掲げる大統領が当選したのだ。2008年には南米パラグアイで中道左派連合のルゴが当選した。それまでの61年間、「世界最長」と言われるほど長く保守政党が政権を握ってきた国は画期的な変化をした。ルゴは「貧者の司教」と呼ばれたカトリックの「解放の神学」派の神父だった。土地を持たない貧しい農民のために反政府デモをし、司教の地位を捨てて政治の世界に飛び込んだ人だ。

2009年には中米エルサルバドルで内戦時代に左翼ゲリラだったファラブンド・マルティ民族解放戦線のフネスが当選した。武力革命は成功しえなかったゲリラが、選挙で政権をとったのだ。同じ年、ウルグアイでムヒカが当選した。5年前に政権を握った左派が連続で当選したのだ。ムヒカも左翼ゲリラの出身である。キューバ革命の影響を受けて都市ゲリラに加わり、武装闘争の資金稼ぎのため強盗をしたこともある。国会議員時代にはよれよれのジーンズにオートバイで国会に乗り付け、入るのを警備員に拒否されたこともある。大統領の給与の大半は貧しい人に寄付することを約束し、「世界で最も貧しい大統領」を自認した。

2011年にはブラジルでルーラの後継者として女性のルセフが当選した。彼女も左翼ゲリラの出身である。軍事政権下で武力革命を主張し、資金稼ぎの銀行強盗を指揮した。逮捕、拷問され、国家反逆罪で3年投獄された人である。同年、南米ペルーでは先住民の出身で左派民族主義者のウマラが当選した。新自由主義からの転換を主張し、経済発展から取り残された人々のため「貧困のないペルーをつくる」と宣言した。

こうした流れはその後も続き、２０１３年にはベネズエラでチャベスの後継者マドゥーロが当選した。

✣新自由主義への反発

なぜ中南米が左派や中道左派に変わったのだろうか。大きな原因は、米国に生まれ世界に広まった新自由主義の経済に対する反発だ。

新自由主義とは、簡単に言えばすべての規制をなくして市場のなすがままにしようということだ。政治の経済への介入をなくして、カネと欲望の赴《おもむ》くまま市場のなすに任せれば社会は繁栄するという考え方である。アダム・スミス以来の自由競争を絵に描いたような原始的な資本主義だが、それでうまくいかなかったから、その後の世界はケインズ経済などさまざまな修正を重ねてきた。こうした歴史を忘れて、野獣のような戦国時代に戻ろうというのだ。金持ちがより金持ちになり貧乏人を支配するのに都合のいい考え方である。

それは国営企業の民営化、自由貿易という政策となって現れる。日本でも小泉首相の時代に郵政の民営化を進めたが、米国のおひざ元で新自由主義が暴走した中南米では、郵政どころかあらゆる面で民営化が進んだ。

典型的なのがボリビアだ。水道事業まで民営化した。「水道局」を競売にかけたらカネを持っている企業が落札し、水道料金が一挙に三倍になった。市民のためでなく企業がもうかればいいという考えだから、こうなる。国民は怒った。水は飲むだけでなく洗濯にも洗面にも使う。水がなければ生きていけない。「日本人よりもおとなしい」と言われるボリビア国民が反政府行動に立ち上がった。

全国で民営化に反対するデモや集会が起きた。放って置けば暴動に発展すると見た政府は、あわてててまた国営化した。これで国民は気づいた。自分たちが何もしなければ政治は変わらないが、行動すれば社会を変えることができるのだと。このときの市民の動きが激しかったことから、この現象は「水戦争」と呼ばれた。

先に述べたコカ茶をめぐる反政府運動の動きは「コカ戦争」と呼ばれた。その直後の大統領選挙で立候補したモラレスが米国や大企業のためでなく本当に国民のためになる政府にしようと訴えると、有権者はすんなり納得したのだ。

✣蜂起したメキシコのゲリラ

米国は中南米を巻き込み米州全体にまたがる自由貿易地域を築こうとした。1994年、その先駆けとして北米地域につくったのが北米自由貿易協定（ＮＡＦＴＡ）である。米国、カナダ、メキシコという北米にある三つの国で関税を撤廃するものだ。あからさまに言えばカナダとメキシコを米国経済の支配下に取り込もうとするものである。1994年1月1日に発効した。

まさにその日、メキシコで蜂起したのがサパティスタ民族解放軍（ＥＺＬＮ）だ。ピラミッドや

解放区を民族衣装で歩くメキシコのサパティスタ民族解放軍（2004年）

暦で名高い高度な文明を築いたマヤ民族の血を引く先住民が主体となった左翼ゲリラである。蜂起した理由はまさに、米国との自由貿易協定の拒絶だった。米国との協定がメキシコ人、とりわけ農業で生活する先住民の命を奪うことにつながるという思いからである。

なぜ、自由貿易が農民の生活を破壊するのか。

メキシコ人の主食はトウモロコシだ。日本人がお米を炊いて御飯にして食べるように、彼らはトウモロコシを粉にしてパンのように焼いたトルティージャを日ごろ食べる。だからメキシコ農民の多くがこのトウモロコシを栽培する。米国との自由貿易によって、それが壊滅的な打撃を受けた。米国産の安いトウモロコシがメキシコになだれ込み、市場からメキシコ産のトウモロコシを排除してしまったのだ。

自由貿易の反対が保護主義だ。その精神に沿って、米国は協定を結ぶ相手の国に対して、国内の産業に対する保護をやめるように強要した。たとえばＴＰＰ（環太平洋戦略的経済連携協定）で米国は日本に対しコメ農家への補助金を撤廃するよう迫った。同じように米国はメキシコに対して、自国のトウモロコシ農民への保護政策を実施しないよう迫った。

このように他国に対しては保護を止めろと言いながら、米国政府は自国の農民は保護しているのだ。産物を他国に輸出するトウモロコシ農家に米国は多額の補助金を出している。このため米国産のトウモロコシの価格は安くなる。それが他国の市場になだれこむと、その国の人々は安い米国産を買う。このためにメキシコではメキシコで生産されたトウモロコシが売れなくなり、トウモロコシ農家が廃業に追い込まれた。そうやって他国の農業を破壊したうえで、こんどはトウモロコシの値段をつり上げるのだ。

米国政府は狡猾《こうかつ》だ。彼らは二枚舌を使う。自由貿易で両国がともに利益を得ようといいながら、自分だけがもうかるような仕組みを作る。相手の国は文句を言いそうだが、米国の政府と結びついて自分の懐を肥やす政治家たちは、自分の国や国民はどうなってもいいと考える。こうして長年つちかってきた経済や文化が破壊される。

メキシコのゲリラは、それに対して声をあげ武器をとった。彼らのスローガンは「ヤ・バスタ（もう、たくさんだ）」だ。米国の思うままに搾《しぼ》り取られるのはごめんだという叫びが、この一言に含まれている。

✣米国に対抗する経済同盟

南米ではこの1994年、大国ブラジルとアルゼンチンが主体となり、四つの国がいっしょになって独自の経済共同体を創り上げた。一つの国では米国にのみ込まれるので、共同で米国に対抗しようという戦略だ。南米南部共同市場という。スペイン語の頭文字MERCOSURからメルコスールと呼ばれる。域内では関税を撤廃し、域外の国に対しては共通関税を実施することになった。域外の国とは、米国を頭に置いたものだ。

発足を進めたのはブラジルとアルゼンチンの官僚だった。この隣り合った両国はそれまでことあるごとに対立してきた。協調のきっかけは両国ともに軍事政権から抜け出したことだ。民主化を進めるために通信、エネルギー政策など、途上国が単独で進めるには難しい政策を協力して行った。これで信頼関係が生まれ、経済の共同体に話が進んだのだ。

それは、戦後の欧州に発足した欧州経済共同体の流れと同じだ。欧州ではドイツとフランスという犬猿の仲の二つの国が競い合って何度も戦争を起こし、そのために両国とも荒廃した。第二次大戦後、フランスのシューマン外相が提案して両国が主体となって欧州石炭鉄鋼共同体が結成され、間もなく欧州経済共同体につながった。さらに経済から政治の統合をめざし、現在の欧州連合を生んだ。

メルコスールには、ブラジルとアルゼンチンにはさまれたウルグアイとパラグアイも同調した。

翌年1995年に正式に発足した。2012年にはベネズエラも加盟した。チリやボリビアなどのアンデス諸国も準加盟した。これが欧州と同様、経済の共同体が政治の共同体をつくる動きにつながった。2004年、南米首脳会議は欧州連合並みの南米国家共同体を創設することを宣言した。

中でも反米の姿勢を鮮明にしたベネズエラのチャベス政権は2001年、米州ボリバル代替構想（ALBA）という新たな中南米統合の枠組みを提案した。米国による中南米支配の具となった米州機構にとって替わろうとするものだ。だから「代替」なのだ。ボリバルとは、かつて中南米を植民地支配したスペインから中南米を解放した将軍シモン・ボリバルの名に由来する。

2004年にはキューバとベネズエラが共同声明で正式に提起し、2009年には米州ボリバル同盟と名を変えた。ボリビア、エクアドル、ニカラグアやカリブ諸国など8か国が加盟した。

✣キューバの孤立から米国の孤立へ

米国とカナダで構成する北米と中南米を合わせて米州と呼ぶ。アメリカ大陸だ。そこにある35の国がいっしょになって第二次大戦後の1951年に創った米州機構（OAS）という国際組織がある。地域の国々の連携を強め、平和や安全保障、紛争の平和解決を目指した。とはいえ実態は、冷戦の中で米国が身近な国々を自分の陣営に固めるために作った反共同盟である。キューバは1962年に除名された。

米国の権威が続いたのは1994年までだ。その3年前にソ連が崩壊したあと、キューバの崩壊も間近だと考えられた。米国は北米自由貿易協定を発効させた１９９４年、勝ち誇ったように米州全体の首脳を米国のマイアミに集めた。当時のクリントン大統領が主導した第1回米州首脳会議で彼は勢いに乗り、キューバを除く米州すべてを網羅する米州自由貿易地域（ＦＴＡＡ）の創設を打ち上げた。２００５年までにこれを実現しようとした。

ところが、中南米諸国はいっせいに反発した。

それは政治の組織である米州機構に如実に現れた。中南米の国々は経済だけでなく政治でも自立をめざし、米州機構から除名されていたキューバを復帰させようという声が高まった。米国はキューバの復帰を阻止するため、２００1年の第31回総会で「加盟国を民主主義国に限定する」という規則を盛り込むことを提案した。キューバは民主主義ではないとして排除できるからだ。しかし、この提案は採択されなかった。これが米国の最初のつまずきである。

２００２年のベネズエラのクーデター騒ぎのさいには、米州機構として米国に敵対するチャベス政権の正統性を認めた。２００５年には事務総長選挙で「革命」が起きた。米国はエルサルバドルの前大統領を事務総長にしようとした。米州で唯一の国としてイラク戦争に派兵した彼への論功行賞だった。しかし、南米諸国は反発してチリのインスルサ元内相を推した。米国の推す候補は出馬を辞退した。その結果、インスルサ氏が就任した。それまでの米州機構の事務総長は、すべて米国が提案した米国べったりの政治家が就任していた。史上初めて米国が支持しない候補が機構のトップに選ばれたのだ。

２００９年の総会では、キューバを追放した１９６２年の決定を無効と決議し、ついにキューバの復帰を認めた。これに対してキューバは「米州機構はごみ溜めであり、消え去る運命にある」と冷ややかに述べ、復帰を拒否した。この年に就任したオバマ米大統領は、米州首脳会議に「米国は中南米諸国と対等な関係にある」と語った。米州に君臨していた米国が、少なくとも対等な関係まで降りたと認めざるを得なくなったのだ。

米州首脳会議の第６回会議が開かれた２０１２年、ＡＬＢＡ諸国がキューバも参加させないのはおかしいと主張し、会議をボイコットした。そして２０１４年の第７回会議準備会合では、翌年の会議にキューバを招待することを承認した。排除されてきたキューバは、丁重に招かれることになったのである。

この間、２０１１年にはベネズエラの呼びかけにより、中南米諸国すべての33か国を網羅した中南米カリブ海諸国共同体（ＣＥＬＡＣ）が発足した。これまでとは反対に、キューバを受け入れ米国を排除するものである。２０１４年に開かれたその第２回首脳会議は、キューバのハバナで開催された。

ラウル・カストロ国家評議会議長は開会演説で米国によるキューバへのスパイ活動を国際法違反だと批判するとともに、中南米すべての国が戦争を放棄する「平和地帯宣言」を行うことを提案し、そのとおりに採択された。「武力の行使および武力による威嚇《いかく》を永久に放棄することをめざし、紛争を平和的に解決する」という、日本人にはなじみの深い文句が宣言に入った。

こうした背景を受けて２０１５年の米州首脳会議で、キューバは初めて参加した。その場でラウル・カストロ国家評議会議長とオバマ米大統領は握手し、歴史的な首脳会談に臨んだのだ。オバマ大統領は米国とキューバとの関係が中南米地域全体の転換点になる、と演説で語った。

それは米国にとって、中南米支配の終焉を意味した。直後に登壇したカストロ議長は「相互に尊重した対話と共存」を強調した。キューバにとっては長年の孤立に耐えた勝利宣言である。

このような流れの結果、米国はキューバを認めざるをえなくなったのだ。米国とキューバの国交回復交渉が再開したのは、この文脈を知って初めて納得できる。

II章　キューバの水戸黄門・カストロ

ハバナのホセ・マルティ国際空港でベトナム代表団を見送るカストロ（２００４年）

キューバ人が親指と人差し指を顎《あご》に当ててつまむようなしぐさを見せれば、それはフィデル・カストロのことだ。顎髭《ひげ》をはやした人、という意味である。アメリカでは独裁者と非難され、アメリカの報道をそのまま信じる日本でも暗いイメージが持たれているが、キューバでの実像はまったく違う。半世紀以上にわたってアメリカのすぐそばに反米政権を維持してきたカストロとは、どんな人物なのだろうか?

✣50年後の演説

「フィデル、フィデル……」。目の前の広場を埋めた1万人を超す大観衆から、名前を呼ぶ大合唱が飛ぶ。フィデルとはフィデル・カストロのことだ。キューバでは彼をカストロと苗字で呼ぶ人はいない。子どもでさえ名前で呼ぶ。ラテンのキューバは開けっぴろげだ。しかも、やたら威張りたがる他の国々の政治家とは違って、キューバの政治家は国民にすこぶる身近だ。最高指導者でさえ国民にとって友だち扱いである。

キューバ東部のサンティアゴ・デ・クーバ市。2003年7月26日に、ここで第50回の革命記念日が開かれた。場所は半世紀前に若きカストロが武装蜂起《ほうき》したモンカダ兵営の跡だ。黄色い外壁には銃弾の跡が今もあちこちに残る。熱帯特有の粘っこい空気がカリブ海から吹き付ける夜風に乗って汗をかいた肌にまとわりつく。

午後7時47分、コールの声に引き出されるように登壇したカストロは、いつものオリーブ・グリーン色の軍服姿だ。勲章などは一つもつけていない。マイクの前で「ウン、ウン」と何度も咳払いをする。喉の調子が良くないようだ。腕時計に目をやった。ようやく話し出す。

「ここにいると、何か現実ではないような気がする」。カストロはこう切り出した。そして続けた。「1953年7月26日のあの朝に起きたのと同じ場所で、50年後の今日、我々は記念式を開いている」

そうだ。半世紀前のこの日、カストロはここで革命を開始した。当時26歳だった。「若気の至り」を絵に描いたような、無謀な行動だった……。

✣大義を持った反逆者

カストロが生まれたのは1926年8月13日、キューバ東部、当時のオリエンテ州で現在のオルギン州ビラーンだ。父親はスペインからやってきた移民である。貧しい農民だったが独学で読み書きを覚え、労働者300人を組織してアメリカのユナイテッド・フルーツ社と契約を結んだ。リーダーとして人々を組織するカストロの才能は親譲りなのだ。

このユナイテッド・フルーツ社はその後「チキータ」のブランド名となり、今でも日本のスーパーに製品のバナナが並んでいる。19世紀からカリブ海一帯の国々で現地の労働者を低賃金で働かせてバナナを栽培し、米国で高く売って大もうけした。今日のグローバル企業の先駆けだ。米国政府は今も昔もアメリカの大企業の権益を守る形で外国の政治に介入してきたが、米国が帝国主義に乗り出した初期の時代に米国の世界戦略の先兵となったのがこの会社だ。革命後にカストロが農地改革をしてこの会社が持っていた土地を接収したのがもとで米国政府はキューバを経済制裁し、その後の敵対関係につながった。カストロとの因縁は父親の時代からである。

カストロの父親はさらに努力して1万ヘクタールを超す広大な土地を手に入れ、農園主となった。このためカストロは裕福な家庭で育ち高等教育も受けたが、周囲に貧しい人々が暮らす現実を見て社会の変革を考えるようになった。

思ったことを行動に起こすのは小さい時からの性格で、小学校のときには暴力的な先生に反抗してつかみかかった。当時を思い起こして「私は大義を持つ反逆者だった。その後の人生の全期間を通じて反逆者であり続けてこられたことに感謝している。いまでも反逆者で、大義はいっそう多くなっている」と、後にフランスのジャーナリスト、イグナシオ・ラモネに語っている。

カストロが17歳のときに陸軍参謀長のバティスタがクーデターを起こし、その後10年にわたって政権を握った。カストロがハバナ大学の法学部に入ったのは1945年9月で、第二次大戦で日本が降伏文書に調印した日だ。学生時代にはキューバ人民党の活動家になり、謄写版で地下新聞を刷った。マルクスやレーニンの本を読んだのもこのころだ。「私は反逆精神と基本的な正義の観念を抱いてハバナ大学に進学し、革命家になり、マルクス・レーニン主義者になった。信奉する価値観を学び取り、そのために生涯をかけて闘ってきた」と述べている。

資本主義に対して疑問を感じたのは早くも大学1年のときで、経済学の授業で資本主義の経済学を学ぶと不合理だと思い、「しだいに疑問が募っていき、体制の在り方を問題にするようにまでなった」と語る。

大学3年、21歳のときにはキューバに近いドミニカ共和国の独裁体制を倒すための軍事作戦の演習に中隊長となって参加した。ゲリラ戦をやろうと計画したのだ。あまりにずさんな計画のためドミニカへの遠征計画が立ち消えになると、こんどはラテンアメリカ全体の学生を組織する活動に取り組んだ。パナマに行き、パナマ運河返還を求めて抗議行動を起こしたため米軍から射たれたパナマの学生を見舞った。南米のコロンビアに入ると各国の学生代表といっしょに学生連盟の綱領を作った。コロンビア大統領選挙の有力な候補だった改革派の指導者ガイタンに記念講演を依頼し、再び会おうとした日、ガイタンが暗殺されてしまう。

これをきっかけにコロンビアでは大規模な暴動が起きた。カストロも警察の武器庫から銃を手に入れて銃撃戦に参加した。このとき危うく逮捕されそうになったが無事に逃れた。対話しつつもいったん事が起きればためらわずに武器を取って戦う姿勢と、危機に際していち早く逃れる身のこなしのうまさは、学生時代から備わっていた。

✣26歳で武装蜂起

アジアで朝鮮戦争が勃発した1950年6月、カストロは大学を卒業し、間もなく弁護士を開業した。ラテンアメリカの多くの国では当時も今も、法学部を卒業すれば弁護士資格が得られる。カストロは貧しい人々のために無料で弁護した。その2年後の52年、バティスタが二度目のクーデターを起こし、独裁政権を敷いた。カストロは当然のように武装蜂起に向けて行動した。

キューバ東部のサンティアゴ・デ・クーバ市で蜂起するという計画を立て、全国を回って同志を集めた。買ったばかりで月賦を支払い中の車で5万キロを走ったためエンジンが熱で焼けてしまった。ほんの数か月で1200人を集めた。ほとんどが20代で、30歳以上は2人だけだ。学生時代からのつながりのあるキューバ人民党の人脈をたどったとはいえ、短期間でこれだけ多くの人を組織できたのは非凡な組織力、説得力があったからだろう。

軍事訓練はハバナ大学の構内で行った。大学の自治が保障されていたためにできたことだ。学内の一室が訓練センターとなり、空砲での射撃をした。実射はハバナの射撃クラブで「合法的」に行った。とはいえ戦闘経験のある軍人から教わったのでもなく、メンバーの実戦経験は皆無だった。

計画では、サンティアゴ・デ・クーバ市にあるモンカダ兵営とバヤモ兵営を襲うことにした。モンカダ兵営を攻略して何千丁という銃を手に入れ、市民に配ることにした。政府軍の援軍を食い止めるために、道筋にあったバヤモ兵営も奪うことにしたのだ。決行の日は7月26日と決めた。その前日がカーニバルの日で、街も兵士も浮かれて油断していると思ったからだ。

襲撃の前日、仲間たちはハバナから車に分乗してサンティアゴ・デ・クーバ郊外の農場に集合した。彼らは襲撃の3か月前からこの農場を借りていた。武器はカストロが襲撃の2日前に武器店で買ったものや、それぞれが自宅から持ち出したものだ。狩猟用の散弾銃やライフル銃や拳銃が大半で、小型機関銃は2丁だけだった。それを農場の井戸の中に隠しておいた。全員が政府軍の軍服を着ることにして、兵士を通じて本物の軍服を買った。たりない分は女性メンバーが手で縫って全員分を用意した。

参加者が集まった時点で襲撃計画を伝えると、メンバーたちは驚いた。まさか兵営を襲うとは思っていなかったのだ。その日、モンカダ兵営にいた政府軍の兵士は400人余りだが、いつもは約1500人いた。全員が完全武装し機関銃や迫撃砲まで持っているところに、プロの兵士を相手にろくに訓練も受けていない素人が粗末な武器で乗り込もうと言うのだ。その場で参加を断る者も出た。

実際に襲撃行動に参加したのは153人だ。うちモンカダ兵営を襲撃するために107人が当てられた。部隊は3つに分けられ、カストロは主力の90人を率いた。早朝、兵舎の寝こみを襲い、カストロら10人が歩哨と司令部を制圧する間に、残りのメンバーが寝ていた兵士を起こして裏庭に集めるという計画だ。政府軍の兵士はみんな寝ているため武装する間もなくパンツ一枚でなすすべもなく制圧される……はずだった。

襲撃を開始したのは午前5時15分だ。車に分乗し、1台に8人が乗って兵営の正面に着いた。先頭車が入り口で止まり、歩哨所にいた兵士から武器を奪った。だが、予定通りだったのはここまでだ。なんと2人の兵士が正門前と大通りの間をパトロールしていた。

メンバーの一人が彼らに向けて発砲した。他のメンバーたちは緊張していたせいか、すでに自分たちが兵営の中に入っているように錯覚し、銃を撃ち始めた。まだ正門の外である。非常事態を知らせる兵営のサイレンが鳴った。襲撃メンバーはあわてふためいた。とりあえず目の前の建物に突入したが、目指す兵舎ではなく病院だった。この間、政府軍の兵士たちはやすやすと戦闘配置に着いた。

✣歴史は私に無罪を宣告するだろう

戦闘開始からものの30分で計画の失敗が明らかになった。カストロは建物の屋上で機関銃を構えている兵士に向けて威嚇《いかく》射撃をしつつ、残っているメンバーに退却を命じた。来たときは10台以上の車だったが、今は3〜4台しかなかった。最後の車が去った。カストロは正門前の大通りに一人だけ残された。1台の車が戻ってきてカストロを拾い上げなかったら、カストロはここで死んでいたはずだ。

いったん、農場に帰った。人数を数えると19人しかいなかった。しかも元気なのはカストロらたった3人だけだ。この3人で山にこもって闘いを続けようとしたが、疲れ果てて小屋で眠っているところを政府軍の部隊に拘束された。兵士たちはいきり立っており、3人を今にも銃殺しようとした。カストロが幸運だったのは、指揮官の中尉が反乱軍に好意的だったことだ。中尉は黒人で、名をサリーアという。部下の兵士に「撃つな」と命じたあと、カストロにだけ聞こえるように「思想は殺せない」とつぶやいた。

カストロが中尉を信頼して自分が指導者であることを打ち明けると、中尉は「誰にも言うな」ととどめた。中尉より上官の少佐が来て捕虜を兵営に連行するように命じたが、中尉は命令に逆らってカストロを警察に連行した。兵営では襲撃のさいに捕まったメンバーたちが全員、殺されていた。この中尉がいなかったら、カストロも同じ運命をたどったはずだ。この件でサリーア中尉は責任を問われて軍法会議にかけられ刑務所に入れられた。革命後はカストロに助け出され、大統領の護衛に就任した。

カストロは裁判にかけられた。弁護士だけに、法廷では自分で自分を弁護した。長い陳述の最後に述べたのが「私を断罪せよ。それは問題ではない。歴史は私に無罪を宣告するだろう」という名文句である。法廷は非公開だったが、記者が入っていた。その一人が速記し、彼の発言は地下運動によって謄写版刷りされ、人々に広まった。

カストロは禁固15年の実刑判決を受け、キューバの離れ島ピノス島（現在の青年の島）にあった刑務所に収監された。戦時中に日系人が収容されていた刑務所だ。しかし、市民の運動で恩赦され2年足らずで出獄する。その直後に地下組織として「7月26日運動」を発足させた。モンカダ兵営を襲撃した日を名に取り入れたのだ。1か月もたたずにメキシコに亡命して、こんどは本格的な武装革命の訓練に入った。そこでたまたま出会ったのがゲバラだった。

キューバ革命の歴史は、偶然と幸運の歴史でもある。その幸運を一身に体現したのがフィデル・カストロだ。

✣半世紀を超す闘い

2003年の革命記念日の演説のさい、こうした半世紀前の記憶が蘇ったのだろう。ときおり感慨深げに沈黙した。しかし、語る内容は激烈で勇ましい。当時のキューバの最大の貿易相手は欧州連合だったが、欧州連合がキューバの人権問題を批判していることに対して容赦しなかった。「キューバは脅迫に屈しない。施しはいらない」と叫び、「キューバは欧州連合を必要としない」とまで言い切った。すさまじいまでの自信だ。ここまで高飛車に語る背景には、半世紀の苦難を乗り切った実績がある。

最後を締めくくった言葉は、半世紀前の法廷で語ったのを少し変えた文句だった。「私を断罪せよ。それは問題ではない。人民が最終判断を下すだろう」。半世紀前の「歴史は私に無罪を宣告するだろう」の主語が「人民」に、「無罪」という断定が「最終判断」というあいまいなものに変わった。無鉄砲だった青年時代から世間と分別を知った大人になったための変化だろうが、政治指導者としては弱気になったとも受け取れる。

演説が終わったのは午後8時55分。開始から1時間8分だ。毎年の革命記念日での演説は、いつも数時間に及んだ。9時間も演説したことがある。それだけに1時間余はあまりに短い。気になったのは、手元の台に置いた演説の草稿に彼が何度も目をやったことだ。これまでのカストロは草稿など見もせずに滔々《とうとう》と熱弁をふるった。ときおり右腕を肩の近くまで上げ、人差し指を立てて力強く振るのが彼の癖だが、この夜は同じ姿勢でも体の動きが弱々しい。さいぜんから喉《のど》の調子がおかしい。最後は声が枯れた。強靭な肉体を持った歴史的な革命家も、老いたのだ。26歳で武装蜂起《ほうき》した若者は、このとき76歳になっていた。

その2年前の2001年、カストロは炎天下で3時間演説したさい、演説の途中で数分間、気を失った。忙しくて前夜あまり寝ていないまま直射日光の下で長時間にわたって話したため貧血になったのだ。2004年10月には演説を終えて壇から降りる途中で段差につまずいて転んだ。左の膝を複雑骨折し、膝は8つに割れた。手術に3時間15分かかった。

さらに2006年7月には腸の緊急手術を受け、手術後は19キロやせた。このため党や国家機関、軍などすべての権力を国家評議会第一副議長である実弟のラウル・カストロに一時的に譲った。2008年2月にはカストロは完全に退任した。革命を開始してから半世紀以上、53年にわたった権力をついに手放したのだ。毛沢東やホー・チミンら世界の名だたる革命家が及ばないほどに長く、一つの国家を指導した果てに。

✣4ミリ伸びた爪

緊急手術の2年前の2004年3月、私はフィデル・カストロと30センチの間近で会った。

キューバの首都ハバナの空港だ。現代のキューバについて新聞に連載を書こうと取材に行った。新聞を見ると、ちょうどベトナム共産党の書記長が訪問中で、明日は帰国すると書いてある。それを見てカストロに会うチャンスだと思った。外交の世界では、相手が国家元首なら見送りも国家元首が行うのが慣例だ。だからカストロ自身が空港まで見送りに行くはずである。プレスセンターに行って空港の取材許可を求め、その日、早くから空港に詰めた。そこにいたのはキューバの記者、カメラマンのほかに外国人の記者は日本人の私とベトナムの記者だけだ。

空港に駐機している飛行機に向けて、長さ30メートルくらいある赤い絨毯が敷かれた。やがてベトナムの書記長ら代表団が空港に到着した。彼らが飛行機に向かう。タラップの下には見送るキューバ外務省の官僚やベトナム大使館員が集まっている。タラップの下で待っていると、旧ソ連製の黒塗りの大型高級車チャイカがやってきた。降りたのは見慣れたオリーブ・グリーンの軍服姿のカストロだ。

カストロは赤い絨毯《じゅうたん》の上をゆっくりと歩いてきた。よく見ると右足を少し引きずっている。ベトナムの書記長と握手すると、カストロは書記長の肩に手をおき、もたれかかりながら歩んだ。その半年後には左足を骨折したのだから、歩くのに大いに不自由したはずだ。周辺に聞くと、ふだんは硬い革靴を避けて足首まである中国製の黒いナイキのバスケットシューズをはいているという。カストロとナイキの組み合わせがなんともそぐわない。

とはいえ血色はいい。顔にはツヤがある。額のしわを数えたら縦に5本走っていた。ベトナムの代表団のところまで来ると、カストロはいつもの元気さを見せた。眉を上げ下げしながら茶目っ気たっぷりに冗談を飛ばし、そのつど大笑いする。笑うと口に総入れ歯がのぞいた。

ベトナムの代表団もキューバ駐在のベトナム大使館の人々もいっしょにカストロを取り囲み、その場で記念写真を撮り始めた。ベトナムの客室乗務員も飛行機から降りてきていっしょに撮った。カストロは気さくに応じる。髭《ひげ》も髪も白灰色だ。カストロの背中側に回ると、後頭部の毛は薄い。腰の後ろで組んだ両手の指は細くて長い。無精のせいか爪が4ミリほども伸びていた。奥さんがいないためだれも注意してくれないのか、側近は怖くて言えないのか、よけいな心配だが……。

なぜ伸びた爪の長さが4ミリとわかったかというと、私もそのとき爪が伸びていたのだ。私の指をカストロの指のそばにやると、カストロの方が私より1ミリ長く伸びている。ホテルに帰ってから計ると私の爪は3ミリ伸びていた。だからカストロは4ミリだと知ったのだ。

✣孤独な革命家

カストロは学生時代の1948年にミルタ・ディアスバラルトというブルジョアの娘と学生同士で結婚した。息子のフィデリートは顔がカストロそっくりだ。しかし、政治家にはならずにキューバで核物理学者となり基幹産業省の顧問をしている。ところがカストロは革命運動のメンバーだった2人の女性と浮気をした。これがばれてミルタと離婚する。ミルタはその後スペインで暮らした。

カストロが不倫の関係を持ったのは同じ革命運動をしていた名高い医師の妻で美貌のナティビダー・レブエルタ（通称ナッティ）だ。生まれた娘のアリーナは母の美貌を受け継いでモデルとなった。しかし、革命後はアメリカに亡命し、今はカストロを独裁者と非難している。もっとも母親のナッティは、アリーナの父はカストロではないと言っている。もう一人の浮気の相手はマリア・ラボルデで、彼女との間には息子のホルへ・アンヘルが生まれた。

カストロは革命から2年後の1961年に識字運動をしていたダリア・ソトデルバジェ（通称ララ）と正式に再婚し、アレックス、アレクシス、アレハンドロ、アントニオの4人の息子と娘のアンヘルの計5人の子が生まれた。うちアントニオは名高い医師となった。このほかにもカストロが愛した女性にドイツ人のマリア・ローレンツがいる。彼女は米国のCIAの手先としてカストロを暗殺するために雇われたが、「愛のために」目的を果たせなかったと公表した。

このようにカストロはわかっているだけで5人の女性と関係した。マリアは亡くなったが、ナッティとララは今もキューバで健在だ。とはいえ、カストロといっしょに暮らしているわけではない。実はカストロの意中の本命は、山中での武装闘争中に行動をともにした女性ゲリラ闘士のセリア・サンチェスだと言われる。彼女は1980年にがんで亡くなった。だからカストロは今、孤独である（はずだ）。それが無精《ぶしょう》な爪にも現れているような気がする。

カストロの細くて長い指を見ていると思い出したものがある。中世にスペインで活躍した画家エル・グレコが描く人々の異様に長くて細い指だ。エル・グレコとは「ギリシャ人」という意味だ。彼はギリシャの出身で本名はドメニコス・テオトコプロスという。こんな長い名前は言いにくいので簡単に呼べるあだ名がついた。彼の顔、さらに彼が描く人物の顔つきは広い額、通った鼻梁などカストロにそっくりだ。カストロは横顔がギリシャ人に似ているとキューバでよく言われる。カストロもまたエル・グレコが描く中世の修道士のようなストイックな人生を送っているのかもしれない（女性関係以外は）。

20世紀の世界を激動させた大物政治家が次々にこの世を去る中で、21世紀を超えて生きた歴史上の人物はカストロだけとなった。大物の割には日本では実像が知られていない。知られているのはキューバと敵対するアメリカが振りまいてきた虚像の方である。

カストロはキューバ国家評議会議長（元首）、閣僚評議会議長（首相）、革命軍最高司令官、共産党第一書記という国家の最高権力を握る肩書すべてを長年、その一身に担ってきた。このためアメリカ政府から「独裁者」と呼ばれた。だが、実際に現地で取材すると、アメリカの宣伝とはイメージがまるで違う。

そもそも独裁者が他国、それも資本主義国の記者を自分の無防備な背中側にいることを許すだろうか。カストロの背中に回ったとき、私は思った。これまでアメリカはさんざんカストロを暗殺しようとして失敗してきたが、いま私が手にした重いニコンのカメラで彼の後頭部を殴りつければ、その場で暗殺もしくは重傷を負わせることができるだろう。こんな無防備な独裁者がいるものか。いつも周りを大勢のＳＰで固めているアメリカの大統領や日本の首相の方がよほど自分の安全に不安をいだいている。

✣軍服の背の白い手形

カストロに「大接近」したのは、これを含めて三度ある。いずれも30センチ以内に寄った。つまり彼のそばにいた。

最初にカストロを見たのは1971年7月26日の革命記念日だ。サトウキビ刈りの国際ボランティアに行ったときである。その年の革命記念日に集会の前列に座って演壇でこぶしを振り上げて演説するカストロを見た。

間近に接した最初は1989年だ。ベルリンの壁が崩壊した年で、ハンガリーやポーランドはすでに脱社会主義の道を進んでいた。革命記念日の7月26日、東部のカマグエイ市で開かれた記念集会でカストロは降る雨をついて「もしブッシュ（米大統領、ジョージ・ブッシュ）が社会主義は落日にあると思うなら、キューバを見よ。キューバは確固としている。キューバは降伏しない」と叫び、威勢よくこぶしを振り上げた。ハンガリーとポーランドを名指しで非難し、キューバは正統な社会主義の道を一歩も逸脱しないと宣言した。

その前日、私はカマグエイ市の郊外に建設が進んでいた「ニカラグア共同体」という名の酪農村を取材した。かつての墓地を300人が住む新しいタイプの共同体に変えるプロジェクトだ。公民館やアパートなどを建てるため労働者がツルハシをふるっていた。彼らに話を聞いていると、突然あたりが騒がしくなった。見ると向こうからジープが5、6台、一列に並んでやってくる。その2

台目にカストロが乗っていた。現場視察だ。

労働者たちはツルハシを放り投げてカストロの方に走った。私も走った。ジープから降りたカストロは集まった労働者たちの肩をポンポンとたたいて「ご苦労さん」とねぎらった。労働者たちもワイワイ言いながらカストロを取り囲み、彼らもカストロの肩をたたいて「よく来てくれた」と口々に叫んだ。カストロの真新しいオリーブ・グリーンの軍服の背中に、さっきまでセメントで作業していた労働者の白い手形がいくつもついた。

こんなとき北朝鮮か中国なら（いや日本でも）労働者は直立不動で整列して迎えるのだろうが、ここはキューバだ。この気さくさがラテンの持ち味である。

カストロは歩きながら労働者たちに建設計画の進行具合を聞いた。隣りを歩く労働者と肩を組んで歩く。「あとどのくらいの期間で建設できるのか」と聞き、返事を聞くと「え？　たった？　そうか」とうなずく。野球場に着くと、「え？　これで野球をやれるのか？　小さすぎてソフトボールしかできないぞ」と言う。

さらに労働者の生活条件も問いかける。顎髭《あごひげ》をなでつつ「水道は整っているか」「住宅の広さは十分か」など矢継ぎ早に質問した。診療所に着くと看護師一人ひとりと握手した。

そこにカウボーイ・ハットをかぶった男が近づいて「コマンダンテ（司令官）」と声をかけた。彼の職業を聞いたカストロは「え、君は技術者なのか」と問い返す。メラニオン・ゴンサレスさんという40歳だ。彼が「あなたのおかげでこんなにうまくいっています。革命の成果です」と言うと、カストロは茶目っ気たっぷりに笑い「司令官が私じゃなかったら、もっとうまくいったかもしれない」と答えて笑わせた。

このように、一般市民が尊敬の念を込めてカストロを呼ぶときは「司令官」と呼ぶが、それよりも「フィデル」と名前で呼ぶことの方が多い。国民は彼に対して国家の指導者というよりも「兄貴」という感じで接する。ちなみにフィデルとはスペイン語で「誠実」を意味する。日本風に言えば、カストロの名は「誠」である。カストロとはスペイン北西部のガリシア地方にある石組みの家を指す。だからフィデル・カストロを訳せば石家誠さんということになる。カストロの父はこのガリシア地方からの移民なのだ。

✣キューバの水戸黄門

カストロにぴったり付き添って歩いた。このとき彼は黒光りする革の野戦靴をはいていた。かかとは高さが5センチを超す。カストロの身長は1メートル86センチだ。長身がいっそう高く見え、革帯の上から張り出した太い腹が貫禄を感じさせる。

顔には赤く細かい血管が網のように浮き出している。アルコールの飲みすぎなどによる肝機能の低下の症状だ。大きな口の中を開けると虫歯の治療跡が目立つが、そのほかは健康そのものだ。大股で歩き、話すときは両手を後ろに回し、左の親指をせわしく弾きながら立て続けに冗談を飛ばす。左腕の黒いデジタル時計は日本のカシオ製である。

カストロといえば、かつては葉巻を口にくわえた姿が当たり前のように新聞に流れていた。葉巻が大好きだったのだ。しかし、喫煙と肺がんの関係が取りざたされたため、１９８６年に禁煙宣言をし、葉巻をやめた。「キューバ人の健康のために払うべき最後の犠牲は葉巻を吸うのをやめることだ。説得するには模範を示さなければならない」と後に語っている。指導者はつらいのだ。でも、禁煙から3年たち白い肌はツヤツヤしていた。

このときすでに62歳で、モジャモジャの顎髭も頭髪もめっきり白くなり、黒い毛はわずかだった。身体はもはや老いに入っていることを感じさせたが、意気軒昂だった。実によく全国を見て回る。工場や農村はもちろん、中学校を前触れなしに訪れ、授業中の生徒といっしょにバスケットボールをした。自分で現場を見て回り、地元の人と気さくに接する。問題があればその場で聴き、部下にメモを取らせて解決する物はその場で指示した。まるで「キューバの水戸黄門」である。

市場を取材中、買い物篭を提げた老人に話しかけると、彼は家族がカストロといっしょに写っている写真を懐から取り出した。１９６１年にカストロがふらりと彼の経営していた雑貨店に来た。彼が勧めるままいっしょに食事をしたという。カストロの飾らない人柄にひかれた彼は以後ずっとこの写真を肌身離さず持っている。こんな風だからキューバのあちこちでカストロを慕う人に出会った。独裁者という言葉には恐怖心がつきまとうが、キューバ国民のかなりの人々が、カストロを恐れるどころか慕う。

キューバと他の社会主義国で目だった違いが一つある。ソ連も中国も、もちろん北朝鮮も、広場に指導者の銅像を建てたり大きな肖像画を飾ったりした。それは必然的に個人崇拝と独裁につながった。キューバはこれを避けるため、革命の英雄でも生きているうちは銅像はもちろん、肖像画さえ出さない。だからゲバラの肖像画を街で見ることはできるが、カストロの肖像画はないのだ。

独裁者という非難に対して、カストロ自身はこう答えている。「私が一人で決定するということはない。重要な決定は常に集団的に分析されて下される。指導部は常に集団制でやってきた」――集団制だから独裁ではないと言うのだ。そして自分が独裁者ならローマ法王だって独裁者だと主張する。さらに「キューバ流の直接民主主義」という言い方もしている。彼自身が国民に直に接してその思いを汲み上げて政治に反映しているという思いが、この言葉となって表れている。

カストロによると、欧米や日本で行われているような議員を選ぶ間接民主主義の方が、実際には国民の意思と政治がかけはなれている、と言う。まあ、批判の多い小選挙区制や日米の世襲政治家を見ると、カストロの主張にも一理ある。

カストロの後継者が弟のラウルになったことを指してアメリカや日本のメディアの多くが、キューバを北朝鮮のような世襲体制だと批判したが、それはあまりに短絡的な見方だ。ラウルは弟だからと言う理由で後継者になったのではない。彼はキューバ革命の最初の動きであるモンカダ兵営の襲撃のメンバーだった。シエラマエストラに立てこもって戦った最初のゲリラ戦の戦士12人の一人でもある。当初からの古参革命家で、今も生き残って実際に政権の中枢で政治を把握していたのはカストロ以外にはラウルだけだった。キューバの中での事情を考えれば、しごく当たり前な人事である。むしろラウルがフィデルの後を継がなかったら、何か政変が起きたのかと不思議がられただろう。

独裁者は普通、自分の息子を後継者にするが、カストロの息子たちは科学者や医者であり、政治に口出しはしない。この点では北朝鮮の独裁者、そして米国のブッシュ家や日本の安倍家の方がより独裁者に近い。

独裁者は普通、国民から吸い上げた富を蓄財するが、カストロも国家公務員のひとりで、給料は月に30ドル、つまり3600円ほどでしかない。

もちろん、キューバの政治体制が世界の民主主義の原則からはずれているのは事実だ。そもそも共産党の一党支配だし、選挙が行われていても実質的には信任投票のようなものだ。メディアも政府系しかない。政府に反対すれば政治犯となって逮捕される。政治犯が存在すること自体が民主主義と反する。

だが、かつてのソ連や今の中国と違って、キューバでは政治犯に簡単に会ってインタビューできる。私はキューバの名高い政治犯3人に自宅でインタビューしてカストロの悪口を聞き、それを朝日新聞に書いたが、キューバ政府からとがめられたことは一度もない。旧ソ連や中国では外国の記者が取材に行けば秘密警察から尾行されるのが当たり前だったが、キューバではそのようなことがまったくない。完全に自由に行動できる。アメリカでも外国の記者が取材するには取材ビザを申請しなくてはならないが、キューバではそんなものを取らなくても観光ビザで取材できた。

✣638回の暗殺計画

私がカストロに二度目に会ったのは1995年だった。このときカストロは初めて日本を訪れた。公式訪問ではない。中国とベトナムを訪問した帰りに飛行機の給油のため日本に立ち寄ったのだ。成田空港に行くと、コンコースに縄が張られて大勢の報道陣がカメラを構えていた。そこに背広姿のカストロがやってきた。スーツ姿は何度か見たが、やはり彼には軍服が似合う。背広姿はどことなくぎこちない。聞けばベトナムで仕立てたのだという。

特別室に入ったという情報で2階に駆け上がった。くつろいでいるカストロが10メートル向こうの部屋にいた。とっさに「日本の印象はいかがですか」と声をかけた。着いたばかりで日本の印象など持ちようがないのだが、突然だったためこんな質問しかできなかった自分が情けない。彼は私を向いて何か言ったが、言葉は聞こえなかったが、口の動きで「ビエン、ビエン（いいよ）」と言っているのがわかった。

翌日、都内のホテルで正式に記者会見が開かれ、100人くらいの記者やカメラマンが集まった。私は「今やアメリカは戦争をしたベトナムと仲直りしたが、キューバに対しては逆に制裁を強めるばかりだ。それをどう思うか」と質問した。カストロは「アメリカは中南米そしてキューバを自分のものだと思っている。アメリカはベトナムとは国交正常化したが、キューバとはしない。それはキューバがアメリカの隣人だからだ」と答えた。遠くにあるベトナムは仕方ないにせよ、足元に反米政権が生き残っているのは超大国のメンツにかけて許せないと考えているとの見方だ。

アメリカはキューバの革命政権を転覆しようと様々な工作を仕掛けたが、それでもキューバがつぶれないとわかるとカストロの暗殺に乗りだした。カストロさえ抹殺すればキューバは革命前に戻ると考えたのだ。

キューバで発行された「キューバに対するアメリカの戦争」という本には、CIAが実行または未遂に終わったカストロ暗殺計画が記してある。キューバの法廷に提出されたもので、国家の正式な記録だ。それによると、キューバ当局が摘発しただけでも暗殺企画は638件にのぼる。著者は博士号を持ったキューバ内務省の軍人で、肩書から見てキューバ課報機関の上級職である。暗殺しようとする側とそうはさせないと守る側との攻防が目に見えるような内容だ。

暗殺計画はキューバ革命が成功する前から始まっていた。革命勝利の3日前、山中のカストロの陣営の近くで、望遠鏡付きのレミントン銃を持った米連邦捜査局（FBI）職員のアメリカ人が逮捕された。革命の直後にはカストロが通る道筋にリモート・コントロールの爆薬が仕掛けられた。カストロが革命記念の演説を行う広場や、カストロが試合を見に来るサッカーの競技場、カストロが始球式をする野球場で狙撃しようとした男たちが逮捕された。テレビ局のカメラマンを装ってビデオカメラに銃を仕込んでカストロの記者会見に出た男もいた。カストロがニカラグアに外遊する飛行機には爆発物が仕掛けられた。カストロの趣味であるダイビングに目をつけて海中のシャコ貝に爆薬を仕掛けたり、カストロの吸う葉巻に青酸カリを注射したりしようとした。どうしても殺せないとなると、せめてカストロの威厳を落とそうとして顎鬚《あごひげ》が抜け落ちる薬を食事に混ぜようとしたこともあるという。

指導者の暗殺だけでなく、キューバ国民へのテロについても、この本は指摘している。1962年にＣＩＡは「マンゴスタ作戦」を計画し、キューバに細菌を持ち込んで市民や作物に感染させようとした。72年には豚50万頭がウイルスに感染して死んだし、79年から81年にかけてデング熱が流行し34万人が感染してうち158人が亡くなり、サトウキビや葉巻の葉の病気が広がって作物が多く枯れた。これらはＣＩＡによる生物兵器だと著者は断定している。

執拗な攻撃、暗殺の危機を乗り越えてカストロは革命を勝利に導き、米国のすぐそばで反米政権を半世紀以上も維持した。彼に特有なのは信じられないほどの楽観性だ。メキシコからヨットに乗って82人でキューバに侵攻したさい、独裁政府軍に見つかって散り散りとなり、集合目標のシエラマエストラ山中に集まったのは12人だけだった。ゲバラはこれで革命闘争は敗れたと思ったが、カストロは「これで独裁者の命運は尽きた」と言って銃を手に踊り出したという。アメリカという怪物を相手に彼をここまで闘い、生き延びさせたのは、使命感よりこの楽観性だろう。

カストロは長い演説の最後をほとんどいつも同じ言葉で締めくくる。「祖国か、死か。我々は勝利する」。キューバという国家がこれからどうなるかはともかく、カストロという一人の人間はその人生をかけた自分との戦いに勝利してきた。

Ⅲ章　理想を追い求めたゲバラ

サンタクララの霊廟に立つゲバラの銅像（2007年）

✣柔らかきゲバラの手

チェ・ゲバラの手は驚くほど柔らかくて温かかった。実際に握手した人がそう証言する。私が1986年にキューバを訪れたときゲバラの死から20年近くたっていたが、彼の記憶は人々に鮮明だった。

戦前にキューバに移民した原田茂作さんは福岡県黒木町の出身だ。会ったときは移民して60年がたち、81歳の高齢だった。入植したのはキューバの南にあるピノス島。ピノスはスペイン語で松の意味だから、さしずめ松島だ。今は「青年の島」と名を変えている。革命の前までは刑務所の島と恐れられていた。政治犯を収容する刑務所があったからだ。鉄条網に囲まれた6階建ての、古代ローマのコロシアムのような円筒形の建物が今も残る。モンカダ兵営襲撃に失敗したカストロが収容されたのもこの刑務所だ。戦時中に原田さんが敵性国民として収容されたのも、ここだ。今は記念館となっている。

原田さんは食うや食わずの苦労の末に100ヘクタールの農場を持ったが、そこに革命が起きた。入手した農地を農地改革であわや接収されそうになった。革命から2年後の1961年のことだ。カストロとゲバラが連れ立って島の視察に来た。

原田さんが育てた果物を食べたカストロは、うまさと品質の良さに驚いた。島の三分の一はこの農場の果物を植えようと即座に決め、苗木や種を提供し他の農民に栽培を指導してくれるよう原田さんに頼んだ。そのかわりに接収を免れた。

　このときカストロよりも強く原田さんの印象に残ったのがゲバラだ。原田さんの妻けさのさんが握り飯を作って出すと、ゲバラは感謝しながら受け取り、口の周りにご飯粒をつけたまま、あれこれ質問した。威張ることも気取ることもない。「人間ができている」と原田さんは思った。握手して柔らかさを感じたのはそのときだ。

　ゲバラに接した人が共通して語るのは、素朴で飾らない性格だ。思ったことは隠さず話す。正直なのだ。あまりにも正直すぎる性格が、政治や外交の世界では仇となった。

農場で育てたスイカを手にする原田茂作さん（1986年）

✣永遠なる勝利の日まで

　ゲバラに会いに行こう。１９６７年に亡くなった彼に対面するのは無理だが、遺骨を安置した霊廟《れいびょう》がある。

　首都ハバナから車で高速道路を東へひた走る。両側にシュロの木やサトウキビ畑が続く道路は、ほぼ完全な直線だ。目標までの距離は２７０キロ。朝早く出発するとギラギラする熱帯の太陽が正面から照りつける。高速道路とはいえ馬車や牛が引く荷車も通る。排気ガスをまき散らしながら走る1960年代の青いクライスラーを追い越した。大きな立て看板が道路脇に立つ。「わが国はだれにも屈服しない」「テロリズム反対、戦争反対」と書いてある。一度も止まることなく飛ばすと2時間半後に中部の町サンタクララに着いた。

道路のわきに競技場のスタンドのような石の階段が連なる。最上段は地上から16・8メートル。頂上に白い珊瑚の台座がそびえ、「HASTA LA VICTORIA SIEMPRE（アスタ・ラ・ビクトリア・シエンプレ）」という文字が刻まれている。スペイン語で「永遠なる勝利の日まで」という意味で、ゲバラを象徴する言葉だ。

台座の上には高さ6・6メートルの黒い銅像が立つ。頭にベレー帽をかぶり戦闘服を着て右手にライフル銃を持ち、骨折した左腕はスカーフで吊り、腰には手りゅう弾と水筒を下げている。完全武装で戦闘中のゲバラの姿だ。視線は南、南米の方を向き、胸を張っている。キューバ革命のあとは中南米全域に革命を起こそうとした彼の夢を表す。

台座の両脇の石にも言葉や絵が彫ってある。右端は「私はラテンアメリカのどの国にも愛国心を感じる。ラテンアメリカのどの国の解放にも命を捧げる覚悟がある」というゲバラの言葉だ。像のすぐ右側はゲバラがカストロにあてた「別れの手紙」の一節である。像の左側はサンタクララの戦いの浮き彫りで、転覆した列車や戦車の上で銃を構えるゲバラが描いてある。霊廟を取り巻く広場の奥には「私たちはチェのようになりたい」と大きく書いた看板がそびえる。

ゲバラは南米ボリビアでゲリラ戦を戦い、捕まって射殺された。指紋を照合するためにゲバラの両手首は切断され、残りの遺体は土に埋められた。埋めた場所は長く秘密にされていた。その後28年もたって、飛行場の滑走路の脇に埋めたことを当時の軍司令官が明らかにした。発掘作業が行われて遺骨が日の目を見たのは、ゲバラの死から30年たった1997年である。

空輸された遺骨を迎えたキューバでは、首都からサンタクララまでの270キロの高速道路に、ゲバラを悼む人々がとぎれなく並んだ。追悼式でカストロは「戦士は死んだが、思想は死なない。チェは全世界の貧しい人々の象徴として永遠に生き続ける」と述べ、ゲバラを象徴する言葉「永遠なる勝利の日まで」で演説を締めくくった。

霊廟の中はゲバラの遺品を集めた博物館になっている。アルゼンチンでの医学生時代に着た白衣、愛用したカメラ、ゲリラ戦で乗った馬の鞍、使ったライフル銃やピストル、双眼鏡などが陳列してある。ゲバラの遺骨が安置されているのは奥の部屋だ。彼とともにボリビアで戦死したゲリラ兵士の遺骨が壁に納められている。壁には兵士たちの名と顔が浮き彫りされている。右下の床には「永遠の炎」が燃える。

2007年10月8日、ここでゲバラ没後40周年の記念式があった。参加したのは約1万人もの人々だ。最前列に座った黒いサングラスの女性がゲバラの妻アレイダ・マルチさんで、このとき71歳だった。娘で同名の医師アレイダさんに付き添われて献花した。

妻のアレイダさんは控えめな性格で、メディアに顔を出すのを固く拒んできた。沈黙を破って『回想録　チェとともにした我が人生』をイタリアで発表したのが、この記念式が行われた２００７年だ。日本でも『わが夫、チェ・ゲバラ』の題で出版された。娘のアレイダさんはベネズエラで医療支援をしたあと、２００８年に日本各地をまわってゲバラの人生と仕事を語った。

✣ペルー人マルクス主義者と結婚

キューバだけでなく世界のあちこちで行われるデモのプラカードに、労働組合の旗に、若者がファッショナブルに着るTシャツに、今もゲバラの顔を見る。死んでますます世界に広がった。国境を超えて虐げられた人々から慕われ尊敬されるゲバラとはどんな人物で、どんな人生を送ったのだろうか。ゲバラの何が人々の心を打つのだろうか。

ゲバラは１９２８年６月14日に南米のアルゼンチンで生まれた。本名はエルネスト・ゲバラ・デラセルナだ。「チェ」はあとで付けられたあだ名である。

幼いころよちよち歩きをする姿がホームビデオに残っている。２歳のとき冷たい川で水浴びして肺炎になった。喘息《ぜんそく》が持病となり一生、発作に苦しんだ。体が弱かったが、だからと言って引きこもるのではなく、逆にスポーツに精を出した。ラグビーでは喘息に苦しみながら闘志をむき出しにした。

青年時代のあだ名は「豚」だ。太っていたのではない。食事のときに音を立ててむさぼり食ったからだ。革命後に原田さんの農場で大きなおにぎりをむしゃむしゃ食べたという話を思い出す。大人になっても飾らない性格だったのだ。

名門ブエノスアイレス大学の医学部に進んだが、おとなしく授業に出る学生ではなかった。在学中と卒業後の二度、年上の友人と2人でバイクと列車を乗り継いで南米放浪の旅に出た。最初の旅はチリやペルーをまわって貧しい鉱山労働者に接し、山中に隔離されたハンセン病の患者を診察した。このときに社会の矛盾を肌で知った。

二度目の旅では、「ボリビア革命」と呼ばれる社会変革が起きたばかりのボリビアを訪れた。農地改革や鉱山国有化が進められたが、ゲバラは疑問に思った。革命家と称する人々が、自分の利益しか考えていなかったからだ。

ゲバラが身体を張ったのは中米のグアテマラだ。左派の革新的な軍人アルベンスが大統領となり、農地改革をして貧しい農民に土地を配った。アメリカのユナイテッド・フルーツ社が持つ広大な農園を接収するなど民族主義的な政策を進めた。ゲバラはボランティアとして社会改革に参加した。カストロがモンカダ兵営を襲撃したのと同じ1953年である。

ここでゲバラは、グアテマラ政府のもとで働いていたペルー人の女性、イルダ・ガデアと知り合った。当時のグアテマラにはラテンアメリカ各地の政治亡命者が集まっていた。モンカダ兵営の襲撃に失敗したキューバ革命家のうち4人がハバナのグアテマラ大使館に逃げ込み、そこからグアテマラに亡命してイルダのオフィスに出入りしていた。

アルゼンチンから亡命していた医者が、同じアルゼンチン人のゲバラを連れて彼女のオフィスを訪れた。仕事もなく困っているから面倒を見てくれという相談だ。彼女はゲバラを「軽薄なエゴイストのうぬぼれや」と思った。ゲバラはイルダの家を訪れ、彼が放浪の旅のときにペルーで知り合った男の紹介状をイルダに見せた。イルダはゲバラを信用した。

イルダはレーニンや毛沢東の著作を読んでいた生粋《きっすい》のマルクス主義者で、豊富な知識をゲバラに教えた。ゲバラは彼女によってマルクス主義者になった。ゲバラは詩を書いてイルダに手渡したが、中身はプロポーズだった。2人は結婚しイルディータと言う名の娘が生まれた。はっきり言うが、イルダは美人とは言うにはほど遠い。ゲバラがイルダの外見ではなく中身に魅かれたのは明らかだ。

キューバの革命の動きをゲバラに教えたのはイルダだ。彼女が書いた『MY LIFE WITH CHE──THE MAKING OF A REVOLUTIONARY（チェとの人生─革命家の形成）』によると、ゲバラをキューバ人の革命家たちに引き合わせたのも彼女だと言う。1954年1月で、場所はグアテマラの彼女の友人ミルナ・トーレスの家だ。

ゲバラはだれかに話しかけるときに「チェ」という言葉を連発した。「おい」とか「なあ」とかいう意味の、アルゼンチンで使われるスペイン語の方言である。キューバの言葉もスペイン語だが、こんな言葉は使わない。キューバ人たちは耳慣れない言葉を面白がった。キューバ人の仲間うちで、ゲバラのことを「いつもチェと言うやつ」「ほら、あのチェが……」と話しているうちに、「チェ」がゲバラのあだ名となり、本人もチェ・ゲバラと名乗るようになったのだ。

✣「おばあちゃん」でキューバ侵攻

やがてアメリカ政府は自国の企業の権益を守るためにグアテマラの政権の転覆に乗り出した。米中央情報局（ＣＩＡ）がグアテマラの元軍人を金で雇って反政府軍を組織した。かなわないとみたアルベンス大統領は亡命し、せっかく進めた社会変革は一気に崩壊する。改革を担った人はにわかに身が危うくなった。

右翼に狙われたゲバラはメキシコに逃げた。グアテマラで出会ったキューバ人の革命グループの手引きで、メキシコに亡命してきたカストロと会った。２人はすぐに打ち解け、お互いに信頼しあった。カストロはゲバラに革命計画を打ち明けた。ゲバラはグアテマラの経験から、平和的な手段では根本的な社会改革はできないと思っていた。２人は夜を徹して話し込み明け方、ゲバラは革命への参加を決めた。

カストロは、外国人はキューバの革命運動に参加させない方針だった。現にほかのグアテマラ人の参加を断った。だが、ゲバラに対しては「この男だけは別だ」と思った。ゲバラの資格は軍医だ。戦闘で負傷した仲間の手当をする医者がほしかったのかもしれない。それ以上に、原則を曲げてまで仲間にしたいと思うものをゲバラに感じたのだろう。

ゲバラは、カストロの話を聴いた時点では革命の勝利に疑問を持っていた。まあ、それが常識だろう。強力な軍隊がいるところにわずかな人数と貧弱な武器で攻め込もうというのだ。勝利は可能だと考えるようになったのは、メキシコで武装訓練を受けたあとである。

ほんの数か月の軍事訓練を受けた革命集団82人がヨットに乗ってメキシコを出発したのは1956年11月だ。ヨットの名前はグランマ号という。英語のグランドマザー、つまり「おばあちゃん」という意味だ。なぜ、こんな名前かと言えば、安上がりな船を買ってきて、前の船の名のままにしたからだ。革命に使う船だから勇ましい名前に変えれば良さそうなものだが、彼らにとっては船の名前などどうでもよかった。

ヨットといっても小舟ではない。外洋航海の装備をつけたクルーザーだ。ハバナの革命博物館に展示してある現物を見ると大型モーターボートという方がふさわしい。建造されたときの定員は12人だった。そこに82人もの人間と武器、食糧など満載したため、順調に航海できるわけがなかった。しかも外洋に出ると、嵐だ。悪天候で港が封鎖になったにもかかわらず出航したのだ。船がキューバに着く予定の日にキューバ側でも武装蜂起《ほうき》しようという計画があったため出発を延ばせなかったのだが、それにしても無茶な航海である。

船は転覆するのではないかと思うほど揺れ、乗っていた人々の大半が船酔いした。元気をつけようと歌い出したが、5分ももたなかった。バケツに頭を突っ込む者、吐いた汚物の中でのたうち回る者など、ひどい状況となった。ゲバラは船酔いのうえに喘息《ぜんそく》の発作でひときわ苦しんだ。おまけに気づくと船底が水浸しだ。船を軽くして転覆を防ごうと貴重な武器や食糧を海に捨てた。あとでわかったのは、水漏れではなく排水管の栓がはずれていただけだった。単純なミスである。

「おばあちゃん」号は名前の通り嵐の海をヨタヨタ走り、結局はキューバの蜂起に間に合わなかった。おかげで蜂起した人々は孤立し、軍によって殺されてしまった。

✣ずさんで陽気な革命

ゲバラたちは食糧が尽き、飢えと船酔いのまま7日間を海上でさまよったあと、ようやく陸地を見た。予定とは違う場所だったし乗っていた人々はフラフラだったから、ゲバラは「上陸というより遭難だった」と記した。政府軍の警戒機に見つかり、持てる武器だけを手に海に飛び込んだ。マングローブの沼地を歩いている中を上空から攻撃され、みんなちりぢりになる。

ゲバラは４人の仲間と行動をともにした。このあたりの地形に明るいと自称する隊員を信じてついていったらひどい沼地にはまり、脱出するのに何時間もかかった。一時はゲバラも死を覚悟し、かつて読んだジャック・ロンドンの小説の中で主人公が凍死する場面を思い浮かべた。

ゲバラらが目指したのは、集合場所のシエラマエストラ（マエストラ山脈）だ。飲み水がなく、飢えと乾きに耐えながらひたすら歩いた。ところが、全員のミルクを保管していた隊員は容器をポケットに逆さまに入れていたため、中身がすべてこぼれた。ゲバラは、本で読んだ記憶をもとに水に海水を混ぜて飲めればいいのだと言って実際にやったが失敗し、わずかしか残っていない飲み水を完全にダメにした。夜になって星が出ると、ゲバラは北極星を目当てに方角を示して行軍したが、あとでわかったことに、その星は北極星ではなかった。南半球生まれのゲバラは、どれが北極星か知らなかったのだ。

いくらラテン系とはいえ、こんなずさんなことでよく革命にとりかかったと感心するほど間が抜けている。ゲバラがカストロに出会ったのは、上陸から16日後である。集合地点に集まったのはわずか12人だった。82人のうち60人は最初の戦闘で殺され、10人は捕まったのだ。さすがのゲバラも意気消沈したが、このときカストロは「これで独裁者の命運は尽きた」と言い、キューバ人たちは銃を手に踊り出した。この辺がキューバ人の天性の楽天性だ。アルゼンチン人のゲバラは、「こいつら正気か？」と頭を疑ったという。

山中でゲリラ闘争が始まると農民が志願して兵士となり、しだいに革命軍の兵力は膨らんだ。とはいえ、ゲリラ兵士の生活は厳しい。食べ物はそこらにはえた野菜が主で、ときたま手に入る鶏のスープがごちそうだ。包囲される可能性があるので屋根の下では寝ない。野外の寝袋で寝る。同じ場所で2晩を過ごさない。何日も食べず、休憩なしに行軍することもしょっちゅうだ。逃げ出す者も大勢いた。

基地を持つとゲバラは印刷工場やパン工場、タバコ工場、武器工場などをつくり診療所も建てた。さらにラジオの放送局までつくって、革命軍の宣伝を始めた。軍医として村人を診察したが、ゲバラの診断をそばで見ていた子どもが親に「この人、誰にでも同じことを言ってる」と叫んだという。

ゲバラはまだ医大を出たばかりだ。まともな診療ができるはずがない。もっともゲバラにいわせれば、栄養不足の貧しい食事と重労働で体をこわした点でみんな同じ症状だったというのだが……。

ゲバラは歯医者もしたが、治療といえば歯を抜くだけで、歯が痛む患者もゲバラの顔を見ると逃げ回ったという。

✣軍資金を運んだ女子学生

基地をつくって半年後、ゲバラはカストロに次ぐ司令官に任命された。指揮官としての有能さが認められたのだ。彼はけっして威張らず、率先して前線に立った。ほかの兵士と同じ食事をした。ゲバラが当時、自分が持つ三つの贅沢品と呼んだのは「タバコと本と手帳」、これだけである。

普通、軍隊で指揮官といえば、自分は安全なところに身を置いて危険な前線には行かないが、中南米のゲリラは違う。ゲリラの司令官には戦闘で先頭に立つ勇気が必要だ。兵士の後ろで命令するような人間は、中南米ではリーダーになれない。前線に立てばそれだけ死ぬ確率が増えるが、死んだら次に先頭に立った者が司令官になる。だから、司令官が死んでも中南米のゲリラはなくならない。

政府軍は陣容を整え1万の兵力で山中のゲリラを殲滅しようと大攻勢をかけた。このとき革命軍の兵力は１０００人足らずで武器は小銃２００丁ほど。普通なら勝てるはずはない。しかし、地の利があり、農民は政府軍の動きをゲリラに知らせた。ゲリラ兵士には命をかけて戦う強い意志があったが、独裁者のために戦う政府軍の兵士には戦闘する意欲がなかった。激戦が２か月半続いた結果、勝ったのはゲリラ側だ。

この機に革命軍は反攻に出る。先鋒となって遠征軍を率いたのがゲバラだ。キューバ東部のシエラマエストラを出て、中部のエスカンブライ山脈に入った。ゲリラの第八軍が新たに組織され、ゲバラはその司令官に任命された。

革命が成功する前年の１９５８年、この山の中に軍資金を運んできた22歳の女子大学生がいた。名をアレイダ・マルチという。後のゲバラの妻だ。５万ドルの紙幣をテープで腹に巻き付け、山を登ってきた。お尋ね者として指名手配されたため山から降りることができなくなり、そのままゲバラの部隊に留まった。ゲリラ兵士になることを志願すると、ゲバラは「いっしょに銃の引き金を引こう」と答えたという。やがて彼女はゲバラの秘書となる。

ゲバラとアレイダを結びつけた人物に２００７年、ハバナで会った。水産副大臣のエンリケ・オルトゥスキさんだ。アメリカのシェル石油の地元責任者をしながら革命運動をし、ラスビジャス州の地下活動の代表となった。市民に呼びかけて集めたゲリラの活動資金をゲバラに届けるようアレイダに指令したのが彼だ。「アレイダは美人で精神も肉体も強かった。使者として彼女に目をつけたのは、こんな可愛い子が地下活動をしているとは警察も気づかないだろうと思ったからだ」と語る。

そう言いながらオルトゥスキさんは笑った。「実はチェと最初に会ったとき、大喧嘩をしたんだ。私は農地改革など早すぎると思って反対した。チェは私を保守主義者だと非難した。私は譲らなかった」。２人は言い争ってかえって仲良くなった。革命後にオルトゥスキさんはゲバラがつくった放送局の後を継ぎ、通信省の長官となってラジオ・ハバナ放送局やプレンサ・ラティナ通信社を立ち上げた。

✣勝利のあとの愛の告白

ラスビジャス州に進軍したゲバラは、州都サンタクララで政府軍の守備隊と市街戦を展開した。キューバ革命戦争の最大のヤマ場だ。革命軍は政府軍の兵士と武器を満載した列車を待ち伏せして爆薬を仕掛けた。爆発で列車から飛び降りた408人の政府軍兵士を、たった18人で制圧した。ゲバラは戦闘中に屋根から飛び降りたさい左腕を骨折した。そのとき、これで腕を吊るようにとゲバラに黒い絹のスカーフを渡したのがアレイダだ。右手に銃を持ち左腕をスカーフで吊ったゲバラの銅像は、このときのゲバラの姿である。

ゲバラはアレイダを愛し、腕がなおった後もスカーフを身から離さなかった。後にアレイダにあてた手紙の中で、「愛のこもったスカーフを墓までともにする」と書いた。革命後、ゲリラ闘争のためボリビアに旅立つさい、ゲバラはスカーフを妻に返した。形見のつもりだったのだろう。ゲバラの遺骨がキューバに帰り霊廟に納められたとき、アレイダはためらったが、次女のセリアさんがスカーフを棺に納めた。「戦士が彼のスカーフとともに休むため」と言って。2人の愛の象徴は、永遠にゲバラとともにある。

ゲバラが作戦本部として使ったのは、サンタクララ郊外の大学だ。やがて大学は野戦病院となり、作戦本部は市の中心部の建物に移った。今は地区の共産党本部となっている。入り口にはゲバラが子どもを抱く像が立つ。市内には政府軍の車両が転覆した当時の姿で記念に残されている。

サンタクララの戦闘でゲバラが率いた第八軍の兵力は340人だった。それが10倍近い3000人の政府軍に勝った。この戦いが革命の勝利を決定づけた。1959年1月1日、独裁者バティスタはキューバを捨てて亡命し、カストロは革命の勝利宣言を行った。

ゲバラは革命軍のトップを切って首都ハバナに進軍する。ゲバラがアレイダに愛を告白したのはこのときだ。「サンタクララ攻略の日に、君を愛していると感じた」とささやいた。そのときアレイダは疲れ果てて半分眠っていた。聞き違えたのかな、と思いながら夢うつつで聞いていた。

ゲバラが彼女に初めて贈ったプレゼントは「フロール・デ・ロカ（岩間の花、フランス名はフルール・デ・ロカイユ）」という名の、フランスのキャロンの瓶入り香水だ。製造元の説明によると、「高山の岩の狭間に可憐に咲く、小さな花々。可憐でも、芯に強さを秘めたクラシックな重厚さ、主張の強い香りです」とある。

この香水は今でも手に入る。買った沖縄県の井出佳代子さんの感想は「『高貴』な香りかなぁ。ちょっと近づきがたいハイソな感じ。この香水をつけると自分もキリリとした心構えになる。『上品で繊細だけれど力強い香り』でもあります」だ。100ミリリットルが10400円。当時のゲバラとしては、かなり痛い出費だったに違いない。

しかし、ゲバラはすでにイルダと結婚し子どももいる身である。にもかかわらず他の女性を愛す

革命成功直後にゲバラが住んだ「チェの家」（2007年）

とは何事だと怒る人がいるかもしれない。だが、ここは熱しやすく冷めやすいラテンの世界だ。命をかけたゲリラ戦をともに戦った男女に新たな愛情が生まれるのは不思議ではない。

首都に着いたゲバラは、ハバナ港を見下ろすスペイン植民地時代のカバーニャ要塞《ようさい》に陣取った。今もこの要塞にはゲバラの部屋が当時のまま保存されている。大きな執務机には電話器が3台置かれ、ガラス・ケースにはゲバラが山中のゲリラ戦で使った背《はい》嚢《のう》（リュックサック）や愛用していたニコンのカメラなどが展示してある。

近くにある2階建ての元要塞司令官公邸がゲバラの家となった。今は「チェの家」として観光客に開放されている。ゲバラの机には、好きだった銘柄モンテクリストの葉巻の箱が置かれ、ベッドのわきには喘息の薬や、アルゼンチンで飲まれるマテ茶のセットが置いてある。奥はアレイダの部屋、トイレをはさんでさらに向こうがゲバラの寝室だ。

アレイダと親密な仲になったところに、メキシコからゲバラの妻イルダがやってきた。緊張の瞬間だったが、アレイダの存在を知ったイルダは一瞬で事態を飲み込んだ。「男がほかの女と恋に陥ったとき、妻ができることはほかにない」と、あっさり離婚を承諾した。イルダはその後、キューバで画家と再婚したのち、1995年にがんで亡くなった。遺体はハバナの墓地でゲバラの父と並んで眠っている。

「チェの家」から300メートルほど行くと、ゲバラのボディガードだったアルベルト・カステジャノスさんの家だ。ゲバラは1959年6月、ここでアレイダと結婚式を挙げた。

カステジャノスさんに会った。2007年、74歳の彼はいきなり、山中のゲリラ活動のさい、1丁の銃を手に入れることがいかに大変だったかを20分にわたってまくしたてた。サンタクララの戦いではバズーカ砲を抱えて戦い、ゲバラが腕を折ったため彼の車の運転手が必要だという話が出たとき「おれがやる」と言い、そのときからゲバラの運転手になったという。結婚式について聞くと「アレイダはとても満足してた。秘書だったのが妻として公式に認められたし」と言いながら、急に決めた披露宴のためビールを確保するのがいかに大変だったかを、またとうとうと話した。

✣怒りの広島

新婚生活は革命建設と重なった。ゲバラは国立銀行総裁、工業相を歴任する。朝はコーヒーに牛乳プディングを食べただけで出勤し、帰宅はいつも午前1時だ。夕食はときに午前3時になり、そんなときは熱いココアとトーストで終えた。日曜もボランティア労働に出たが、疲れて帰宅してもシャツを脱ぎ上半身裸で子どもたちと遊んだ。妻で秘書のアレイダは24時間行動を共にした。

ゲバラはいつもオリーブ・グリーンの軍服を着ていたが、アレイダも服はわずかしか持っていなかった。「外国要人の歓迎会に7回も同じドレスだったたって、本当か」とゲバラが問いかけると、彼女は「いいえ、8回よ」と答えた。

ふたりの共通の愛読書は『ドン・キホーテ』だ。アレイダは回想録でゲバラを「日々、新たな活力をよみがえらせた。永遠に成長する人間だと思った」と記す。このころの生活について「私たちは愛と夢と希望に満ちた男と女だった」と書いた。

革命から半年後に貿易交渉のため、ゲバラはキューバ革命政権を代表する移動大使としてヨーロッパやアジアをまわった。このとき日本も訪れた。１９５９年7月だ。日本にキューバの砂糖を輸出し、かわりに日本の工業製品を輸入しようとした。さらにキューバを工業化するための見本として日本の産業を視察した。

彼は日本政府が立てた予定をけって、代わりに広島を訪れた。日本政府が示したのは第二次大戦で亡くなった無名戦士の墓に参る計画だ。ゲバラは「数百万のアジア人を殺した帝国主義の軍隊の墓になど、ぜったいに行かない。アメリカが10万人の日本人を殺した広島に行く」と語った。広島では平和記念資料館を訪れ、2時間以上も見学した。案内した館長に「アメリカにこんなにまでされて、それでもあなたがたはなおアメリカの言いなりになるのか」と厳しく問いかけた。

ゲバラ自身が撮影した広島の白黒写真が残っている。原爆ドームを背景にアーチ型の原爆死没者慰霊碑を正面から撮ったもので、白い半袖半ズボン姿の日本人青年が献花された花束を見つめている図柄だ。

このときゲバラとともに日本に来たオマル・フェルナンデスさんにハバナで会った。医師でシエラマエストラのゲリラ戦でゲバラの副官だった人だ。革命後もゲバラに付き添って世界をめぐった。日本ではあらかじめ決められた日程からはずれるのを承知で、大阪を午後10時に抜けだし夜行列車に乗って早朝5時に広島に着いたという。

ゲバラは広島から妻のアレイダに絵葉書を送った。それには、

「愛する人へ、
今日は原爆が落とされた広島からだ。
ここには7万8千人の犠牲者の名が刻まれている。実は18万人だと言われている。
平和のために断固として闘うためには、すばらしい訪問だった。
君を抱きしめる
チェ」

と、書かれていた。

帰国後の報告書には「痛ましいのは、広島、長崎に原爆が投下されて14年たった今年でも、その

後遺症で106人もの人が亡くなっていることだ。広島は再建されたが、消し去ることのできない悲劇は、今も街や建物に残っている」と書いた。

ゲバラは精力的に日本全国の工場を回った。トヨタの自動車工場、ソニーのトランジスタ研究所、ホンダのスクーター工場を視察し、クボタの農機具工場では自分で耕耘機を動かした。葉巻を口にくわえたまま背中に農薬散布機を装着して耕耘機を操るゲバラの写真が残っている。首にはカメラがぶら下がっている。ただ見るだけでなく身体で体験しなくては気が済まない性格なのだ。

当時の池田内閣はアメリカに遠慮してキューバとの貿易を控えた。わずかな成果としてキューバに「浅沼稲次郎紡績工場」が建設されたくらいだ。

✣新しい人間を目指して

帰国後、ゲバラは農地改革を行う全国農業改革局の総裁に就任した。アレイダは著書で「仕事は抱えきれないほどあったが、その頃はとても快適だった。朝食も夕食も大統領府の奥でとった。時間は決まっていなかった。夜8時のこともあったし、午前3時のこともあった。いつもラテンアメリカの他の国の人がいっしょだった」と記した。

農地改革こそキューバ革命の最大の目的の一つだった。ゲバラの指導のもと、たった2か月たらずで終了する。ゲバラは次に国立銀行総裁に就任した。経済など何も知らないはずのゲバラが、なぜ国の経済の元締めのような仕事に就いたのか。冗談のような話が残っている。新政府の人事を決めようとしたカストロが仲間に「だれかエコノミスタ（経済専門家）はいるか」と問うと、ゲバラが手を挙げた。彼は「コムニスタ（共産主義者）」と聞き違えて、それなら自分だと名乗り出たというのだが……。

工業省が創設されると、工業相に就任した。それまでのキューバは砂糖を生産するだけの農業国で、工業省はなかった。このときゲバラが工業相になったのは、革命戦争のさい山の中に靴工場や印刷工場などをつくったゲバラの能力が評価されたという。日本で言うなら町工場の経営者が腕を見込まれて経済産業大臣に就任するようなものだが、それが成り立つところにキューバ革命が持つがむしゃらな若さがうかがえる。

ゲバラは、帝国主義から低開発国を守る唯一の方法は工業化だと考えた。たった一つしか産業がなければ、うまく行かなくなると国が破綻《はたん》する。単一経済には限界があり自前の工業を育成することが必要だと説いた。名高い演説で「低開発とは何か。人間で言えば発育不全だ。我々の経済は帝国主義のためにゆがめられている。彼らは自分たちの経済を補完するために我々の資源を変則的に開発した。ゆがめられた開発は人々に飢餓《きが》の脅威を及ぼす」と述べた。

大臣となればふんぞりかえっているのが日本の政治家だが、ゲバラは違った。深夜2時、3時まで執務し、休日はボランティア労働に出た。上半身裸になって砂糖やセメントの袋を運んだ。サトウキビを刈るボランティアに行ったさい運転手が車から降りないのを見て「君は働かないのか」と聞いた。運転手が「私は運転手であってサトウキビ刈りの労働者じゃない」と言うと、「みんなといっしょに働けよ。それが嫌なら車を置いて、とっとと帰れ。私が車を運転して帰るから」と言った。このころゲバラは「働くことが人間の最大の誇りであり、働くことは人間として真の喜びだ」と語っている。

ゲバラの下で工業副大臣だったオルランド・ボラゴさんは「チェは常に完璧であることを追求し、それを完成した人間だ。アレイダは革命家で主婦で母で労働者でもあり、チェと相性が合った」と話す。

このころのゲバラを象徴する言葉が残っている。「酒は飲まない。タバコは吸う。女を好きにならないくらいなら、男をやめる。革命家としての任務をまっとうできないなら、僕は革命家であることをやめる」

こんなことも言っている。「甘ったるいと思われるかもしれないが、言わせてくれ。本当の革命家は大いなる愛に導かれている。愛のない革命家なんて考えられない」

ゲバラはこのころから「新しい人間」を強調するようになる。自分の利益でなく社会のためになるような生き方をする人こそ本当の革命家であり、そのような「新しい人間」になることが必要だという。「革命の最終目標は、人間を解放することである。社会主義のもとで人間は完全なものになる。人間という言葉と革命家という言葉は同じだ」と言った。当時の世界を代表する哲学者フランスのサルトルは、ゲバラを「この時代の最も完全な人間」と呼んだ。

✣世界革命へ

しかし、この人生観は当時のソ連型の社会主義と衝突した。ゲバラは、自分から社会のために働く自覚した人間になるべきだ、と主張した。しかし、ソ連寄りの考えをする人々は、社会主義の仕組みができて初めて人は労働者の階級意識を持って働くようになると主張した。自発的な意志と管理のどちらを重視するかの違いだ。

ソ連は、人間は欲で働くのだから報償をちらつかせて労働者を働かせるように、とキューバを「指導」した。さらに社会主義国はそれぞれ経済を分担すればいいのであって、キューバは工業開発をやめて砂糖だけの生産国に戻り、ソ連に砂糖をきちんと供給すればいいと主張した。だが、これだとキューバはソ連の奴隷ではないか、とゲバラは考えた。その点、ソ連もアメリカと変わらないように思えた。

ゲバラがソ連に対して初めて公に不満をあらわにしたのは1964年の国連演説である。翌65年にアルジェリアで開かれたアジア・アフリカ人民連帯機構の経済会議では、ソ連を「搾取《さくしゅ》するアメリカ帝国主義の共犯者」と罵倒《ばとう》した。

しかし、当時のキューバはソ連の経済援助なしにやっていけなかった。帰国したゲバラに対してカストロは、あそこまで言わなくてもいいじゃないかと詰問する。理想は大切だが、今のキューバが置かれた状況も少しは考えてくれ、と言いたかったのだ。

キューバ人としてキューバに責任を抱えるカストロと、理想のみに生きる外国人のゲバラとの違いだ。これで2人が仲違《なかたが》いしたわけではないが、生き方の違いがはっきりした。ここからゲバラはキューバの政治家に留まるのではなく、世界革命家への道を歩む。

それはもともとのゲバラの考えでもあった。キューバ革命のためメキシコからキューバにヨットで攻めて行こうとする前に、ゲバラはカストロに対して、自分の夢は祖国アルゼンチンさらに中南米全体を解放することだと語り、キューバを解放したあとはそちらに向かうと予告している。

ゲバラは「死ぬまで戦うこの闘争に国境はない。世界のどの地域で起こることにも無関心ではいられない」と述べ、カストロに「別れの手紙」を書く。

「僕は、キューバでの革命における自分の任務は果たした。だから、君にさよならを言おう。君の、そして今では僕のものでもある国民に、さよなら、と」と述べたあとに、キューバでの大臣、司令官の地位、キューバ市民権をすべて放棄する、と明言した。

そしてこう続ける。「ささやかな僕の力を求めている国がある。僕は、それに応えることができる。しかし、キューバの最前線にいる君にはできない。僕たちが別の道を歩むときが来た。わかってほしい……最後の日を異国の空の下で迎えようとも、僕はいまわのきわまでキューバ国民と君のことを思うだろう。どこで死のうと、キューバ革命の戦士であることに責任感を持ち続けよう」

コンゴの前線で休養するゲバラ（中央右）。左手前がウリセス・エストラーダさん（エストラーダさん提供）

✣アフリカ、さらに南米へ

彼がまず向かったのはアフリカで1964年、東京オリンピックが開かれた年だ。アンゴラ、モザンビークさらに翌年はコンゴで戦った。独裁者に対する武装闘争を支援するためだが、思うようにいかない。

コンゴでのゲバラの様子がわかる古ぼけた写真がある。畑の小屋の前で兵士たちが地べたに座っている。ゲバラは小屋に背をもたれかけてパイプのタバコに火をつけている。他の人々は武装を解いてくつろいでいるが、みんな疲れ果てた顔つきだ。何もかもうまくいかない……という表情である。

この写真を見せてくれたのは、一番手前に写っているウリセス・エストラーダさんだ。「コンゴで食べ物がないとき、チェは自分の分を他の人にあげていた。キューバから取り寄せた大量の本を読んでいた」という。

彼はゲバラをキューバに連れ戻す役割を負った。タンザニアでゲバラを変装させた。キューバを捨てるという「別れの手紙」が公表されたため、ゲバラのままでは戻れなかったのだ。髪を白髪に染め眼鏡をかけ入れ歯をした。ゲバラはラモンという偽名のパスポートで東欧チェコスロバキアを経由し、キューバに帰国した。「プラハでは同室だった。チェは私にチェスを教えてくれた。チェに勝ったこともあったが、実はインチキをしたんだ。でなきゃ勝てるわけがない」とエストラーダさんは笑いながら話した。

キューバに戻ったのは束《つか》の間だ。ゲバラが目指したのは南米だった。当初、ゲバラが次の解放地と考えたのは祖国アルゼンチンだ。具体的に行動も起こしていた。キューバ革命中に取材のためゲバラを訪ねたアルゼンチン人のジャーナリストのマセッティと意気投合した。マセッティはゲバラを受け入れる基盤をつくるためアルゼンチンでゲリラ活動を始めた。しかし、ゲバラがコンゴに行く直前、マセッティは政府軍との戦闘で死んでしまう。これでゲバラはアルゼンチンでの手がかりをなくしてしまった。

新たに眼を向けたのがボリビアだ。若いころゲバラが訪問した国であり、南米の中央に位置し、アルゼンチンの隣国でもある。ここで革命を成功させれば南米全体に拡大する拠点となる。当時を回想したアレイダは「悲しい思い出の場所がある。海岸で2人きりになったとき、彼はキューバを去ることを突然、私に告げた。私にとって、世界が終わったような気がした」と述べている。

このころゲバラは世界に向けてメッセージを書いた。それは翌1967年にハバナで開かれた三大陸人民連帯会議で発表される。ゲバラはベトナム戦争に触れて「第二、第三の、多くのベトナムを創り出そう」と檄《げき》を飛ばした。ベトナムに援助するのも大切だが、それ以上に自分の国で独立や革命の戦いを起こすことが真のベトナム支援になると訴えた。

ボリビアに入る前から、ゲバラは死を覚悟していたかもしれない。当時、こう発言した。「不意に、死が訪れるかもしれないが、我々の戦闘の雄叫びが人々の耳に届き、他の人々が戦争と勝利の新たな雄叫びを上げる中で葬送曲を歌うのであれば、死を歓迎しよう」

✣止められるのは死だけ

1966年、ゲバラは変装してボリビアに入った。その写真が残っている。頭は禿《は》げ上がり、後ろとわきに髪の毛が残るだけだ。その髪も白い。逆にトレードマークの髭《ひげ》はなく、大きな眼鏡をかけている。

ゲバラの出国後、アレイダあてに封筒が届けられた。中には、彼が詩の朗読を吹き込んだテープが数本入っていた。「それを何度、聴いたことでしょう。聴くたびに、私も彼といっしょに行くべきだったという思いにさいなまれました。一方で、私たちの真実の愛が育んだ子どもたちを私の手で成長させなければと決意しました」と彼女は著書に書いた。

このときゲバラがアレイダあてに書いた手紙も残っている。「アレイダ、強くあれ。私たちが結婚したとき、私がどんな人間か、君には分かっていたはずだ。熱烈に私を愛してくれ。私の道はすでに描かれている。止めることができるのは、死だけだ。君は自分の人生を突き進んで、打ち勝て」

ゲバラ一人がボリビアに行ったのではない。キューバ革命闘争のさい彼に従っていた革命幹部やゲバラに私淑《ししゅく》する人々らが、職をなげうってゲバラと行動を共にしたいと従った。その中にはタマラという若い女性も一人いる。タニアという暗号名の方が名高い。ゲバラの最後の恋人ではないか、と言われた女性だ。

ボリビアの日々は悲惨だった。当初、協力を約束したボリビア共産党はゲバラの武装闘争を敵視した。援助は届かなかった。ボリビアの農民はゲリラに加わらないどころか、ゲバラたちの動向を政府軍に通報した。ゲバラはしだいに追いつめられた。

日に焼けて黄色くなった本が、手元にある。新書よりやや幅が広い大きさで厚さ2センチほどの粗末な紙を使った本だ。表紙にはベレー帽をかぶった男の顔の絵が描かれ、裏表紙にはボリビアの地図がある。活字はスペイン語だ。表紙には「ボリビアにおけるチェの日記　1966年11月7日から1967年10月7日まで」と書いてある。

名高い『ゲバラ日記』の初版だ。ゲバラがボリビアでゲリラ闘争を続けた日々に、困難な山岳地帯の生活の中で死の直前まで書き続けたものだ。ゲバラが射殺された翌年の1968年にハバナで発行された。奥付を見ると初版は25万部も印刷されたことがわかる。キューバの人口は1959年の革命のときが約600万人、それから50年以上たつ今は倍近い約1100万人だ。この本が出た68年当時は700万人余りだろう。25万部ということは、国民30人に1冊の割で出版されたということだ。

この本を私は、ゲバラの死から4年後の1971年に、キューバで手に入れた。当時、キューバでサトウキビ刈りの国際ボランティア労働をしたさい、相棒だったハバナ大学の学生ラファエロ・レオン君からプレゼントされたのだ。私が属したサトウキビ刈り部隊の名が、ゲバラを象徴する言葉である「アスタ・ラ・ビクトリア・シエンプレ（永遠なる勝利の日まで）」部隊だった。

✣苦悩の『ゲバラ日記』

日記を読むと、苦悩するゲバラの心がうかがえる。

最初の1行は「今日から新たな段階が始まった」だ。3日目には「体にくっついているダニ6匹をとった」とある。12月になると雨の中、監視所を設けるなど実際のゲリラ活動に入るが、「毒蛇を2匹殺した」とあり、大変な場所だとわかる。早くもこのときゲリラの指揮権をめぐってボリビア共産党と対立したことが書かれている。

67年に入って1月には「隊員6人の身体からウジの幼虫を駆除した」「一人がマラリアにかかった」とある。2月は「朝から午後4時まで歩き続けた。何人かは靴がなく、裸足。その間、昼食にスープを食べただけ」だ。さらに「石をも砕くかと思われる炎天の中を出発した。私はめまいを覚え、意志の力だけで歩き続けた。地獄のような1日の行軍を終わっても水がない」。3月には「明日からは缶詰1個で3人が命をつながなければならない。ほかにはミルクだけだ」。このときゲリラは3隊に分かれていたが、総数わずか39人である。それを２０００人の政府軍が取り囲んだ。

4月になると戦闘で部下が次々に死んだ。ゲバラが最も信頼していたキューバ革命初期からの兵士も失った。5月はみんなひどい腹痛を起こし、ゲバラは一時、意識を失った。6月には「最後のシチューを食べた。残された食糧はピーナツ1日分、トウモロコシ3日分だけだ」「野ネズミをとって食べた。残っていたトウモロコシをすべて食べ尽くした」など書かれている。「喘息《ぜんそく》がひどくなったが、薬の蓄えがほとんどない」とも。

7月になると、隊員は22人しか残っていなかった。8月、ゲバラは全員を集めて話した。「情勢は極めて困難だ。我々は重大な局面に直面している。この戦いによって人は人類として最高の段階である革命家になれるし、真の人間になれる。その段階に達することができないと思う者はここを去ってくれ」

9月、ゲバラを捕まえるための情報提供者には賞金を出すというラジオ放送が流れた。イゲラ村に入ったとき、政府軍に包囲された。そして10月7日が最後の記述である。「我々17人は、欠け始めた月の光の中を出発した。午前2時に休む。政府軍は我々の数や位置についてわざと誤った情報を流している。標高２０００メートル」

翌10月8日、政府軍によって谷間に追い込まれた。ゲバラは足を撃たれたが、持っていたライフルが使えなくなるまで戦い続けた。捕まってイゲラ村の学校の部屋に収容され、翌日、銃殺された。1967年10月9日がゲバラの命日である。39歳だった。

ゲバラに従ったゲリラ兵士たちも、政府軍との戦闘で殺された。ただ一人の女性兵士タニアも川を渡る途中、待ち伏せしていた政府軍に一斉射撃されて死んだ。タニアはゲバラの子をはらんでいたといううわさが流れたが、事実ではない。タニアの恋人は別にいた。先に紹介した、ゲバラをアフリカからキューバに連れ戻したエストラーダさんだ。

エストラーダさんはタニアについて、「ギターが上手で、フォルクローレ（民謡）をよく弾いた。7つの言葉を話す秀才だった。だから最初はチェの通訳として採用された。彼女はチェを尊敬していた。そもそもあのゲリラ闘争の中で子をはらむなんてできっこない」と、うわさを一笑した。

エストラーダさんは、さらに私に語った。「より良い世界を築こうとしたチェの夢は今、選挙という手段で南米に実現しようとしている。選挙で生まれた政府がつぶされるなら、再び武装闘争が起きるだろう。チェは生きている。彼の考えは生きている。彼が亡くなったボリビアではいま、聖エルネスト・ゲバラと、まるでキリスト教の聖人のように思われている。チェは今や伝説となった」

✣理想に生き、理想に死んだ

ゲバラの死から半世紀もの時が流れる。しかし、ゲバラの人気は消えるどころか、ますます高まっている。キューバでは「チェの生き方に学ぼう」が標語となり、学校では子どもたちが「チェのように」と叫ぶ。頭で理解する小難しいイデオロギーではなく、現実に生きた同時代の人間という生きた見本だけに説得力がある。

ゲバラの人気は、世界中に広がっている。『ゲバラ日記』は日本でも何度も復刊されている。世界中に読者がいるだろう。彼の若き日の冒険旅行や革命戦争の回顧録、伝記など、これまでにゲバラについて多くの本が出版された。何本もの映画が作られ上映された。

ベルリンの壁が崩壊して以来、ソ連をはじめとしたかつての社会主義が否定される中、逆にソ連に対抗したゲバラの存在がいま、際立っている。マルクスやレーニン、毛沢東の肖像ははずされたが、世界のあちこちでゲバラの顔を見かける。アメリカでさえゲバラの本が何種類も出版され、映画が作られ、ゲバラの顔を描いたTシャツを着た若者がニューヨークの街を歩く。ゲバラはファッションになった。つまり「カッコイイ」のだ。

ゲバラの何がカッコイイのか、なぜ今、ゲバラがこれほどまで注目されるのか。

『ゲバラ日記』の巻頭にはカストロの序文が載せられている。「チェの考え方、チェのプロフィール、チェの名前は、抑圧され、搾取されている者にとって戦いの旗となる」。今、まさにそうなっている。序文はさらに「これほど短期間に世界的となり、これほど力強く情熱的な支持を得た人間は史上まれだ」と言う。確かに、そうだ。ゲバラの肉体は死んでも彼の生き方や考え方は生き続け、世界の人々に影響を及ぼしている。

アフリカでキューバ派遣軍の大尉としてゲバラに従ったマヌエル・メディナさんにゲバラの思い出を聞くと、「チェ（ゲバラ）は誠実で模範的な人間だった。20世紀の人間という風ではなく、21世紀の展望を持った人間だった。彼は死んだが、彼の言ったことが次々に実現している。チェの夢は実現されようとしている」と語った。

ゲバラに最も影響されたのは妻のアレイダさんだろう。彼女はときおり、ふと考えるという。「私は、彼が望んだほど十分に強く生きて来ただろうか。確信は持てない。彼は現代のドン・キホーテだ。新たな風車に立ち向かっていった。私は自分が時には（ドン・キホーテの『思い姫』だった）ドゥルシネアだと、時には（従者の）サンチョ・パンサだと思った」。そして回想録の最後で記した。「世界の社会主義が次々に消滅する今、チェなら、もう一度、新たな闘いを呼びかけるだろう」

キューバ革命を成功させたあと、ゲバラはこんなことをつぶやいた。「もし我々が空想家のようだと言われるなら、救いがたい理想主義者だと言われるなら、できもしないことを考えていると言われるなら、何千回でも答えよう。その通りだ、と」

理想を抱き、理想に生き、理想に死んだ。それがカッコイイのだ。ゲバラは、まさにそのように生きた。

Ⅳ章　アメリカの干渉

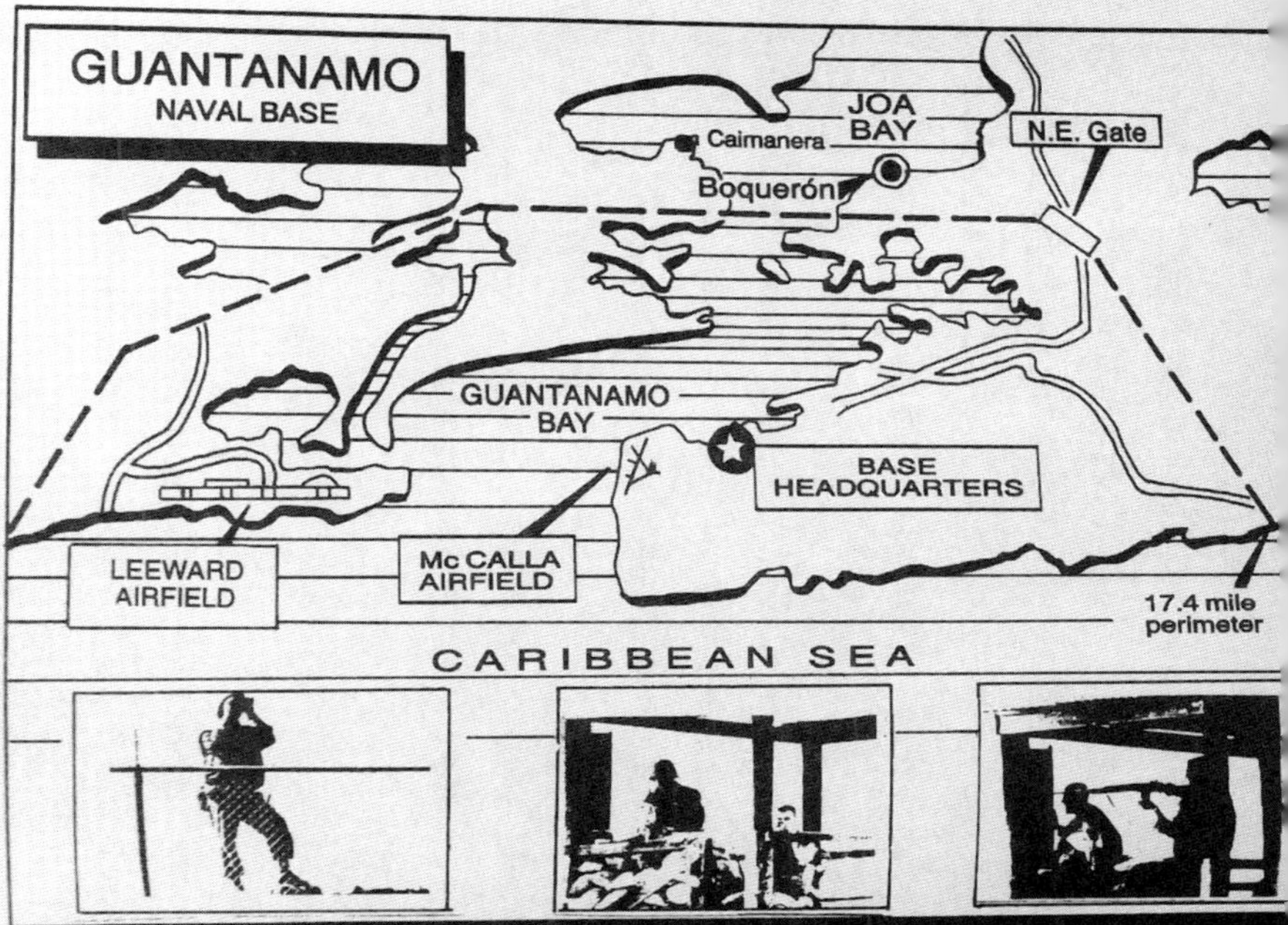

米軍グアンタナモ基地の概略図（『Guantanamo The Bay of Discord』より）

キューバのアメリカとの闘いは、革命が起きる前から始まっていた。アメリカは地球の隅々にまで軍隊を派遣しているが、その動きの最初の踏み台が、すぐ近くにあるキューバだった。

✣米軍グアンタナモ基地へ

キューバの中に米軍基地がある。

不思議に思われるだろうが、事実だ。キューバ東部のグアンタナモにある米海軍グアンタナモ基地である。米軍の歴史上、最古の海外基地だ。キューバは国内にアメリカの侵略拠点を抱えている。なぜアメリカの基地があるのかを探る前に、まずは現地に行ってみよう。

米軍基地を訪れるには米国防総省の許可が必要だ。そのうえでアメリカの軍事基地から飛行機または軍艦に乗って入るしかない。わざわざそんなことをしなくても、キューバ側から基地を見ることができる。グアンタナモにある小さな山にキューバ軍の最前線基地があり、山の上から米軍基地を一望のもとに見渡せる。

キューバ軍の基地に行くにはキューバ政府の許可が必要だ。首都のプレスセンターで申請すると、すんなりと許可が下りた。しかし、政府のプレス担当者が同行するという。強面の軍人が付き添うのかと思ったら、ふだんプレスセンターの記者会見で司会をしている女性スタッフのマリアさんだった。彼女が開口一番、「死にそうに暑いわよ」と言う。まさにそうだった。

空港に行き、見るからに年代物で、本当に飛ぶのかと疑問に思うほど古いプロペラ機に乗った。

国内便専用のガビオタ航空の飛行機だ。ガビオタとはスペイン語でカモメのことだ。中に入ると普通の旅客機とはなんとなく雰囲気が違う。これまで災害などの取材で各国の軍用の輸送機に乗ったが、その雰囲気に似ている。それもそのはず。このガビオタ航空はキューバ軍の直営で、軍の輸送機を旅客用に改造したのだ。軍が航空産業に乗り出してカネ稼ぎをしている。このときは2002年で、キューバが社会主義に資本主義の要素を取り入れた時期だった。

ブルンブルンと音ばかり大きくてなかなか進まないプロペラ機だが、ハバナから1時間余りで東部のサンティアゴ・デ・クーバに着いた。ここから車で2時間弱、熱帯植物タマリンドの並木道を走るとグアンタナモの町だ。

トラックの代わりに牛2頭が荷車を牽《ひ》く。背中にこぶがあるセブー種だ。荷物は水を入れた樽のようなタンク。バスの代わりに馬車が走る。8人乗りの乗合馬車だ。ビニールシートを幌にして太陽の光を防ぐ。家の壁は黄緑や薄い空色などパステルカラーだ。ベランダでおじいさんが揺《ゆ》り椅子に寝そべる。実にのどかだ。ここだけは時間が止まって、まだ19世紀ではないかと思える。

通りに人影はない。それもそのはず、強烈な日差しだ。太陽が白い。まさに白熱している。キューバの中学生の制服は黄土色《おうどいろ》だが、この町の制服は色が明らかに違う。地方によって制服の色が違うのかと思ったが、近づいてよく見ると強い日差しで元の色があせてしまったのだとわかった。町の周囲は塩分を多く含んだ荒れ地だ。水分が蒸発するから地面には塩分が溜まり、農作物が育たない。海沿いには塩田が広がる。

海を見ると海面は水蒸気が蒸発して一面に靄《もや》がかかっている。水平線があるはずの部分は白く輝くだけで海と空の区別がつかない。これだけ水蒸気があれば強い雨が降りそうだが、降らない。猛烈なスコールが当たり前のキューバだが、ここだけは年間の降水量が300ミリしかない。湿度が異様に高く、ときには99％にもなるという。私が訪れたのは5月で30度を超したくらいだったが、蒸し暑さに驚いた。不快指数はキューバで一番だ。

✣米軍との最前線

グアンタナモの町から車で30分走ると目の前に小さな岩山がそびえる。山のすべてが山城のようにキューバ軍の基地だ。門で許可証を見せる。軍人2人が乗って先導する四輪駆動車の土ぼこりにまみれ、曲がりくねった坂道を車で上った。道のわきには灌木《かんぼく》の間に高さ3メートルのサボテンが生えているが、強い太陽のために立ち枯れている。頂上の近くに基地の司令部があった。岩山をくりぬいた要塞《ようさい》だ。床と天井をコンクリートで固めてあり、ホールの中央に米軍基地の模型が置かれ、壁には地図がかかる。射撃場や射爆場、監視ポストの位置も記してある。

将校が地図を指しながら米軍基地の概要を解説してくれた。カリブ海に面した湾の両岸にまたがる118平方キロが米軍基地だ。うち基地として使える陸地は49平方キロで、あとは海と湿地帯だ。こんな辺鄙《へんぴ》な場所が基地となったのは、天然の良港だからだ。湾の水深は20メートルあり、湾口から10分も航行すれば海の深さは180メートルになる。岸壁には米軍の空母など大型の軍艦が横付けできる。しかも42隻が同時に停泊できる。

地図を見て、驚いた。米軍基地は湾の入り口の部分だけだ。湾の奥にはキューバの漁港がある。湾の入り口は国際海峡となっており、キューバの漁船とアメリカの軍艦がふだんからすれ違う。実にのどかな最前線だ。しかし、基地の周囲28キロは鉄条網で囲まれている。内側の一帯には米軍によって地雷7万個が埋められているという。やはり緊張した最前線だ。

山頂に出た。標高は320メートル。眼下の海沿いに米軍基地が広がっている。湾の西側に巨大な滑走路が伸びる。全長3750メートルあるリーワード・ポイントだ。キューバ側ではトレス・ピエドラス空港と呼んでいる。戦車を積んだC130輸送機も発着できる。沖縄の普天間基地の滑走路よりも1000メートル以上も長い。まさにキューバとの実戦を想定した大規模なものだ。見ていると小型機が着陸した。数人が降りて湾まで歩き、モーターボートで湾の東側に向かった。東側の小高い丘の上には白い建物が建つ。米軍の司令部だ。巨大な星条旗がはためく。

湾の東側にも小さな滑走路があり、二つの飛行場に1日当たり8回から10回、アメリカ本土から輸送機などが着陸している。駐屯する米兵と家族のために食糧や物資を運ぶのだ。飲み水は、かつてはキューバが供給していたが今は止まり、隣国のハイチやジャマイカから貨物船で運ぶ。恐ろしくカネがかかる基地である。

山の手には2階建ての住宅が並ぶ。1階は車庫だ。どこの家にも真新しい新車が2台、置いてある。なぜ新車とわかるかというと、キューバ軍の監視兵の双眼鏡を借りて見たからだ。オートフォーカスで倍率も性能もいい。双眼鏡にはアメリカの沿岸警備隊のマークがついていた。ん？なぜキューバ軍が米国のものを持っているのだろう。そんなに古くはない。監視兵に聞いても笑うばかりで答えてくれない。

私が訪れたとき、米軍はイラクやアフガニスタンでの戦争で捕虜にしたタリバーンやアルカイダの兵士をグアンタナモ基地に収容していた。鉄くず置場の下の窪地に、金網に囲まれた鶏小屋のようなものが並ぶ。まるでゴミ扱いだ。床はコンクリートで屋根は鉄板だ。「キャンプ・Xレイ（X線）」と名付けられていたが、まさにX線のように中が透けて見える。ただでさえ暑いのに焼けた鉄板の下にいるのだから、それだけで拷問だろう。焼き鳥になってしまいそうだ。

基地の地図をよく見ると、地雷原の中に道が1本延びている。キューバ側と米軍基地を結ぶ道だ。何に使うのかとキューバの監視兵に聞くと、キューバ人の基地労働者が毎日、この道を歩いて基地に通っているのだという。

なんと、キューバ人が敵対する米軍基地で働いているのだ。しかも毎日、通勤している。国際問題の最前線には思いもつかないことがいろいろあるものだ。亡命しようと思えば、簡単だ。そのまま仕事先に留まればいい。

基地労働者は革命の前は数千人いたが、今は10人だという。そのひとりを探して、グアンタナモの町にある自宅を訪ねた。

オスカル・モントさん。第二次大戦中の１９４２年に24歳で米軍基地の労働者となり、革命の後

基地の北門から入るキューバ人労働者(『Guantanamo The Bay of Discord』より)

もそのまま同じ仕事を続けた。アメリカ側も辞めろとは言わないし、キューバ政府も禁止はしない。そのまま60年間働いた。私が訪れたときは85歳で、退職して間もないときだった。月曜から金曜までの週5日、朝5時に家を出て基地のゲートに着くのは6時半。昼休みをはさんで8時間労働し、午後4時に仕事を終えて6時に帰宅する毎日だったという。

　仕事はアメリカ本土から運ばれた物資を車から降ろして基地の店の棚に並べる単純労働だ。ドルで給料がもらえるため、かなり裕福な生活だ。応接間のステレオの上には50年勤続で米海軍から贈られた置時計が飾ってある。「昔は５０００人が基地で働いていた。革命が起きる前も後も、仕事は同じ。同じ時間に基地に入って同じ時間に帰るだけ。政治のことは何も言えない」と淡々と語る。

　２０１３年に最後のふたりが退職し、もはやキューバ人の基地労働者はいない。基地内には革命の直後に革命を嫌って基地に住み着いたキューバ人労働者と家族が20数人暮らしている。

✣砂糖の島

それにしても、なぜこのような基地があるのか。

話は19世紀末にさかのぼる。当時のキューバはスペインの植民地だった。スペインからやってきた人がキューバに長く住み着くと、自分はスペイン人ではなくキューバ人だという意識が生まれ、本国から独立しようという声が高まった。1895年に始まった第二次独立戦争でリーダーとなったのが、詩人で哲学者でもあるホセ・マルティだ。彼は人間の尊厳、社会正義、自由を掲げ、キューバ革命党を創立した。

カストロの思想は、マルクスよりもこのマルティの影響の方が強い。カストロは「使徒マルティの弟子」と自らを呼んだ。キューバ革命の最初の蜂起となったモンカダ兵営の襲撃は、マルティ生誕100周年に合わせて実行した。襲撃に失敗して捕まったとき、蜂起の首謀者はだれかと聞かれたカストロは、「ホセ・マルティだ!」と答えたほどだ。カストロは常に「私はマルティ主義者だ」と言ってきた。

マルティとは、何者だろうか。

キューバの首都ハバナの市街を見下ろす高台に「革命広場」がある。五角形の星型をした高さ109メートルの大理石の記念碑がそびえる。頂上に登ればハバナ市街を一望できる。ホセ・マルティを称える記念碑だ。その前には白い大理石で造られた高さ18メートルのマルティの座像がある。土台は、この広場で革命記念日などの集会が開かれる時に演壇になる。

この一帯はキューバ政府の官庁が集まる政治の中心部だ。つまりマルティはキューバの政治思想の中核だと思われている。キューバ全国、どこに行ってもマルティの像だらけだ。

マルティが説いたのは「人間の自由」である。人間は本来、自由なのであり、自由の実現こそ人間の義務だと語った。他国の植民地では自由な国になれないから独立を求めるし、人種差別や弱者の抑圧は人間の自由を奪うからなくさなければならないと主張した。

独立戦争のときの農民軍を描いたタイル絵

そこで問われるのは社会性だ。「人間社会の第一の法則は人間の品位の尊重である。これこそなにものにも優先するものであり、他人の痛みを自分の頬に感じる者こそ真の人間である」と説いた。「一人でも不幸な人がいる限り、我々は人間ではない」とも。この点はゲバラが言う「新しい人間」に共通する。

マルティは「ヤシの木のように高い正義を実現しなければならない」と人々を鼓舞して独立戦争を率いた。自ら馬に乗って戦闘の最前線で戦い、3発の銃弾を浴びて戦死したキューバの英雄だ。

キューバ独立戦争をうまく利用したのがアメリカだ。

英国から独立したアメリカは着々と領土を拡大し、1848年には大西洋から太平洋にまたがる大陸国家を完成した。大陸の外に出て帝国主義の道を進む第一歩として狙った標的がキューバだ。それには理由があった。

キューバと言えば、まず砂糖が頭に浮かぶ。私がキューバを初めて訪れてハバナ空港に降り立ったとたん、鼻をついたのは甘ったるい砂糖のにおいだ。キューバは「砂糖の島」である。キューバに砂糖をもたらしたのはスペインだが、キューバを砂糖産業の中心地にしたのはアメリカだ。

19世紀後半、アメリカでは人口が増加し、経済も盛んになって砂糖の消費が急速に伸びた。当時、カリブ海の島々は世界的な砂糖の産地だったが、中でもキューバはカリブ海最大の島だ。サトウキビ畑に適した平らな土地も広く、大きな収穫を上げていた。このためアメリカの企業が乗り出してキューバに広大なサトウキビ農場を持った。彼らにとって頭が痛いのはキューバを支配するスペインへの税金だ。

キューバを支配すればスペインに税金を納めることなく砂糖の利益を独占できる。さらにカリブ海の要であるキューバを抑えることでカリブ海全域、ひいてはラテンアメリカ全域に影響力を

サンティアゴ・デ・クーバの湾に残るスペイン植民地時代の要塞（2003年）

及ぼす拠点となる。こうした思惑から、アメリカはキューバを買い取ろうとした。1億ドルでどうかと申し出たが、スペインは拒否した。

✣手のひらを返したアメリカ

キューバで独立戦争が盛んになったのは、そんな折だ。アメリカの世論はキューバの独立を支持した。アメリカ政府はキューバにあるアメリカ企業の財産とアメリカ人の保護を理由に、戦艦メイン号をキューバに派遣した。ところが、ハバナ港に停泊していたメイン号が突然、大爆発を起こして沈没し、乗組員の三分の二にあたる266人が死んだ。犠牲者の中にはボーイやコックとして乗っていた日本人6人もいる。

アメリカの新聞は、スペインが水雷をしかけて爆沈させたと決めつけ、スペインに宣戦布告すべきだと主張した。そこで掲げたのが「リメンバー・ザ・

メイン（メイン号を忘れるな）」というスローガンだ。第二次大戦の「真珠湾を忘れるな」に似ている。敵の攻撃に報復しようと呼び掛けて国民の団結をはかるのがアメリカの戦争の歴史である。

後にメイン号を調査したアメリカ海軍は、積んでいた石炭の自然発火が火薬庫に引火した可能性が高いと結論づけた。自分の不注意をスペインのせいにしたのだ。いきり立ったアメリカ国民の世論を後押しに、アメリカ政府はスペインに宣戦布告した。こうして始まったのが１８９８年の米西戦争である。西とは漢字でスペインを表す「西班牙《すぺいん》」だ。

勝敗の行方を決めたのがサンティアゴ・デ・クーバ沖の海戦だ。アメリカ軍はスペイン艦隊を湾の中に閉じ込めようと湾口の閉鎖作戦を行った。狭い湾の出口に老朽船を沈めて艦隊が湾の外に出られなくしようとしたのだ。作戦をアメリカ艦隊の輸送船の上で観戦武官として見ていたのが、日本海軍の留学生だった秋山真之《さねゆき》である。７年後、彼は連合艦隊司令部の参謀となり、このときの作戦を日露戦争で旅順《りょじゅん》港の閉塞《へいそく》作戦に応用した。

戦争中、キューバ人の独立運動は盛り上がった。マルティが独立に立ち上がった１８９５年には独立軍の兵力は４５００人だったが、戦争中に２万５０００人に膨らんだ。マルティはキューバ共和国の独立と臨時政府の樹立を発表した。自身は戦闘中に銃撃されて戦死したが、後に続く人々がスペイン軍をさんざん悩ませた。スペインは20万人の大軍をキューバに送ったが、米軍とキューバ独立軍の両方を相手にして敗北を重ねた。

戦闘そのものはわずか2か月半だった。敗れたスペインは、キューバだけでなく同じカリブ海のプエルトリコ、太平洋のフィリピンやグアム島の管理権をアメリカに奪われた。

フィリピンでもアメリカは、フィリピン人のスペインに対する革命運動を支援する形で戦争を始めた。ところが、スペインに勝ったアメリカはフィリピン革命軍の弾圧に乗り出した。2万人の革命軍を虐殺し、さらに飢えなどで20万人のフィリピン人が死んだ。アメリカで先住民（インディアン）の殲滅《せんめつ》作戦をした将校が同じ方法でアジア人を虐殺したのだ。掃討戦の総指揮をとったのがアーサー・マッカーサー将軍。日本を占領したダグラス・マッカーサーの父である。

アメリカはキューバでもフィリピンと同じことをした。戦争の当初、アメリカはキューバ独立軍を背後から支援する形をとった。アメリカ議会は「キューバ国民には独立する権利がある。アメリカにはキューバの主権を侵す意図はない。戦後はキューバ人の政府を樹立する」と宣言した。ところが、戦争が終わると手のひらを返した。

スペインとの講和会議のとき、アメリカはキューバを排除した。そのうえキューバを3年半にわたって軍事占領した。憲法が作られたが、占領をやめる条件として憲法に修正条項を加えるよう迫った。アメリカがキューバの政治に干渉する権利や軍事占領中にアメリカが手に入れた権利はすべて維持されること、さらに「キューバ国内に米軍基地を設ける」内容だ。修正を無理強いしたアメリカ上院議員の名をとってプラット修正と呼ばれる。

新生キューバ政府は、これではアメリカの植民地になるのと同じだと言って拒否した。アメリカは、それならば永久にキューバを軍事占領すると脅した。キューバ側は受け入れざるをえなかった。

しかたなく半ばアメリカの属国のような形で1902年に独立した。

このプラット修正にもとづいて翌1903年にアメリカが獲得したのが、グアンタナモ基地だ。基地の返還にはアメリカとキューバの合意が必要で、アメリカが承諾しない限り永久に租借できる仕組みだ。体裁としてはアメリカがカネを払って借りているのだが、借り賃は年間に金貨2000枚。現在のカネにして4085ドル、つまり約50万円である。1平方メートルが1セント、約1円でしかない。アメリカ政府は今も毎年、小切手をキューバに送っている。革命後のキューバは基地の即時返還を要求し、小切手の現金化を拒否している。

✣アメリカの「植民地」に

独立したキューバで選挙が行われた。生まれた政府はアメリカの言うなりになった。賃上げを求める労働者のストライキがあればアメリカ軍が出動して鎮圧した。アメリカの大企業は大手を振ってキューバに進出し、キューバ人が持つ小さなサトウキビ農園を吸収して膨れあがった。アメリカ企業は砂糖農園に製糖工場を造り、そこまでできないキューバ人の農園はつぶれた。キューバの製糖工場のうち三分の一以上がアメリカ企業のもので、キューバの砂糖生産の半分以上をアメリカの企業が占めるようになった。砂糖労働者の6割がアメリカの企業に雇われた。キューバの輸出の8割が砂糖で、そのほとんどがアメリカ向けだ。

今やキューバは、アメリカのための砂糖の島となった。「キューバでは砂糖が王様だ」と言われた。キューバで最も偉いのはキューバ大統領ではなくアメリカ大使だと、当時のアメリカの作家が言ったほどである。現にアメリカ大使はキューバ大統領に対し「キューバ大統領はアメリカ大使の忠告に忠実に従うこと」を露骨に主張した。

１９５２年、アメリカの支持を背景にクーデターで政権を握ったのが、軍人のバティスタだ。政党を解散し、独裁者となった。民主化を求める市民は秘密警察の手で暗殺した。彼の政権下で２万人の市民が殺されたと言われる。アメリカはそれを黙認した。民主主義を唱えるアメリカだが、アメリカ経済の利益にさえなれば他の国が独裁であってもかまわないという態度だ。国民を殺すための武器を独裁者に供給し、虐殺の手助けをした。

米軍アメリカ学校という特殊な学校がある。米軍が中南米の軍幹部を集めてクーデターの仕方や反政府派市民の摘発や拷問などを教えるため、「米軍虐殺学校」と呼ばれるなど悪名が高い。かつてはパナマにあり、今は米本土ジョージア州にある。ここで学んだ軍人がエルサルバドルで「死の部隊」と呼ばれる暗殺集団を組織し、アルゼンチンで民主主義を求める市民を虐殺した。キューバのバティスタの部下も、ここで米軍からキューバ人の弾圧の仕方を学んだ。

バティスタはアメリカ資本の電話会社の利益になるように電話料を値上げするなど、アメリカに便宜を図った。アメリカ企業はいっそうキューバに進出し、アメリカからの投資は電話や電気の90％、鉄道の50％を占めた。牧場や観光もアメリカ企業が牛耳った。アメリカにすり寄ったキューバ人の政治家や大企業、大地主は利益のおこぼれに預かった。独立国とはいえ、実態はアメリカの植民地だった。

一方、一般国民はスペイン時代と変わらず、貧しいままだ。中でもアメリカの砂糖会社にサトウキビ刈りの労働者として雇われたキューバ人は悲惨だ。早朝から日没まで炎天下、畑でサトウキビを刈る重労働をしても生きていくのがやっと。砂糖の収穫は1月から4月に限られる。収穫がない5月から12月までの「死の季節」は、収入がない。この間は砂糖企業からの借金で暮らし、高い利子が膨らんでますます苦しくなった。当時、水道が引かれている家は3軒に1軒だった。屋内にトイレがあるのは4軒に1軒だ。農村家庭の半分以上はトイレがなかった。子どもの三分の二は学校に行けなかった。

こうした不平等の中で、キューバ革命が起きたのだ。

バティスタがクーデターで政権を握って数週間後、25歳の青年弁護士カストロは、バティスタが社会保安法違反で禁固108年の刑に相当すると告発した。裁判所が告発に応えないとわかると、武力での政権打倒を決意した。翌1953年7月にカストロはモンカダ兵営を襲撃した。

襲撃は失敗に終わり、カストロは捕まった。法廷で彼は革命を起こした理由を、こう主張した。
・60万人のキューバ人には仕事がない
・50万人の農村労働者は年に4か月しか仕事がなく、残りの期間は飢えている
・20万人の農民は飢えた子どもの食べ物を栽培するための土地を持たない
・農業生産に適した土地の半分以上が外国人の手にある

彼の主張に共鳴した人々が、カストロらの釈放を求める国民運動を起こした。政府は仕方なくカストロたちを恩赦し、国外追放した。カストロはアメリカのキューバ人社会を回って革命資金を集め、メキシコで同志を集めて武装訓練を始めた。

✣スペイン内戦の影響

カストロたちに武器の扱い方を教えたのは、スペイン内戦で共和派の将校として戦ったキューバ人のアルベルト・バヨ大佐だ。

スペイン内戦はスペイン市民戦争とも呼ばれる。フランコ将軍が率いる軍が1936年にクーデターを起こした。民主主義派の市民は武器をとって抵抗し、国民が共和派とファシズム派の二つに分かれて戦った。共和派は「ノー・パサラン（奴らを通すな）」「膝まずいて生きるよりは、立ち上がって死のう」という名高いスローガンを叫んでファシズムの軍隊を阻止した。3年後、ファシズム派が勝利し、フランコ将軍の独裁政権となった。弾圧から逃れるため、共和派で戦った人々は国外に亡命した。バヨ大佐もその一人だ。

バヨ大佐はキューバで生まれ、スペイン軍航空部隊の一員としてモロッコで戦った。内戦では共和派の将校となり、戦後はメキシコに亡命した。そこにやってきたカストロたちキューバ革命を志した若者たちが、彼に軍事訓練を教わったのだ。理論講座や戦術教室、射撃訓練、さらに山登りで山中のゲリラ生活の訓練もした。兵学校なら三年かかる訓練を三か月で特訓した。

終わったときバヨ大佐は参加者に点数をつけた。最高点はゲバラだ。カストロによると、バヨ大佐の指導で最も役に立ったのは、モロッコでの戦闘のさいにスペイン軍に包囲されたモロッコのゲリラがいかに包囲網をくぐったかの戦術の教えだったという。

スペイン内戦が世界の歴史に名を留めるのは、国際旅団（インターナショナル・ブリガーダ）の存在である。ファシズム派にはヒトラーのドイツ、ムソリーニのイタリアが武器と兵士を送ったが、英国やフランスなど民主主義国は中立の立場をとり、共和派を見捨てた。これに対して英国、フランスやアメリカなど世界の国の人々が個人の資格でスペインに駆け付け、国際旅団の名で共和派の旗のもと民主主義のために戦った。

共和派のために動いた一人が米国の作家ヘミングウェイだ。彼は内戦が始まると借金して救急車を買い、共和派に贈った。特派員の資格でスペインに行き、民主主義を救うようアメリカやフランスで講演した。アメリカ政府に共和派を支持するよう働きかけた。その経験から内戦終了の翌年に発表した作品が『誰《た》がために鐘は鳴る』だ。内戦で共和派に参加したアメリカ人男性が主人公である。モデルはアメリカ人で構成した国際旅団リンカーン大隊の指揮官だと言われる。

カストロはバヨ大佐の軍事訓練よりも、むしろヘミングウェイのこの小説の方が役に立ったと語る。共和派のゲリラがファシズム派からどのようにして武器を奪ったか、敵軍の支配地域でゲリラがどんな戦法を使ったか、などだ。カストロはこの本を4回読み、映画も見た。そのくらいヘミングウェイの取材は事実に基づき、描写は生々しかったのだ。

✣ヘミングウェイとカストロ

ヘミングウェイが『誰がために鐘は鳴る』を書き始めたのは内戦が終わる1939年で、場所はハバナのホテル「アンボス・ムンドス（二つの世界）」だ。今もこのホテルはあり、ヘミングウェイが使った部屋は当時のまま保存されている。この年、彼はキューバに住むことを決め、ハバナ近郊に邸宅を借りた。以後、1960年まで22年間住んだ白亜の建物は今、ヘミングウェイ博物館となって公開されている。

ヘミングウェイ博物館の内部は文豪が暮らしたときのままだ（2003年）

中に入ると、壁には畳ほどの大きさがあるスペインの闘牛のポスターが掛けられ、書斎の本棚はスペイン関係の本で埋まる。所蔵のレコードの中には『民主主義への6つの歌』と題したスペイン内戦当時の国際旅団の歌を集めたものもあった。

ノーベル文学賞を受賞するきっかけとなった『老人と海』は、この家で書かれ

『老人と海』の主人公のモデル、グレゴリオ・フェンテスさん（1986 年）

た。１９８６年、私は主人公の老漁夫のモデルとなったグレゴリオ・フェンテスさんを訪ねた。

　ハバナから海岸沿いに東に10キロ行くと小さな漁村コヒマルだ。桟橋《さんばし》のそばに「ラ・テラサ」というレストランが海面に張り出すように建つ。『老人と海』は、この桟橋とレストランの場面から始まる。訪ねたとき、グレゴリオじいさんはこのレストランで葉巻をくゆらせながら大好きなラム酒を飲んでいた。

　真っ黒に日焼けした顔を、真っ白なふさふさした白髪が覆う。このとき彼は88歳だったが背筋はまっすぐに通り、足早に歩いた。アフリカ沖のスペイン領カナリア諸島の出身で、海が好きなため7歳のときに家出して貨物船に乗り、世界を転々とした海の男だ。知人の紹介でヘミングウェイが彼に会いに来て、お互いに気に入り、ヘミングウェイのヨットの艇長になったという。

　ヨットの名は「ピラール号」だ。ピラールとは『誰がために鐘は鳴る』に登場する共和派ゲリラの女性闘士の名でもある。帆はなく2基のモーターを備えた12人乗りの快速クルーザーだ。カリブ海はもちろん、パナマ運河を抜けて南米ペルー沖まで行ってカジキを釣るのが文豪の楽しみだった。好きなときに泳ぎ、艇内で執筆もした。電話もないから誰にも邪魔されずに仕事ができるとヘミングウェイは話していたという。腹がへると「ラ・テラサ」に船をつけて食事した。

キューバの西ピナル・デル・リオの沖合を航行していた１９５２年、オールを操る手漕ぎのボートに乗った見知らぬ老人が巨大な魚を釣り上げようとしていた。ヘミングウェイは手伝おうと声をかけたが、老人は「俺一人でやる。あっちに行け」と拒否した。老人は80歳ぐらいで白髪、半袖シャツに半ズボン姿。魚との格闘はかなり長時間にわたった。ヘミングウェイはその様子を見つめメモ帳に記録した。

『老人と海』が出版されたのはこの年だ。老人の孤高の戦いに感銘を受けて一気に書き上げたのだろう。釣りをする老人と、グレゴリオじいさんのふだんの生活を重ね合わせて主人公をつくりあげたのだ。

「パパ（ヘミングウェイ）は他のアメリカ人と違っていた。アメリカときたら、何の権利があって世界を支配しようとするのか。ナガサキとヒロシマに原爆を落とした病んだ国だ」と語るグレゴリオじいさん。

ヘミングウェイを記念して毎年、コヒマル村ではヘミングウェイ釣り大会が開かれる。キューバ革命が成功した翌年の１９６０年の大会で優勝したのは、釣りを趣味とするカストロだった。大きなマカジキを見事に釣り上げた。優勝したとき2人がいっしょに写った写真が、ヘミングウェイが行きつけたハバナのレストラン「フロリディータ」の壁に掛かっている。

✣冷ややかな目

スペイン内戦を経験した軍人から教練を受け、それなりに武器の扱いを覚えたカストロたち革命軍の82人は、海を越えてキューバに攻め込んだ。調達したヨットの「グランマ号」と、ヘミングウェイのヨットとは定員がほぼ同じだ。ヘミングウェイは自分とグレゴリオじいさんの2人だけでゆったりと乗ったが、82人も乗った革命軍はおそろしく窮屈だったろう。

82人がキューバに上陸したとたんに独裁軍に攻撃され、わずか12人からのスタートだった。山中のゲリラ戦に続いて都市部での戦いでも政府軍に勝ち、首都を目指して進軍した。革命軍に呼応して都市では労働組合がゼネストをし、学生も街頭闘争するなど市民が闘った。独裁者バティスタは政権を維持できないと判断し亡命した。１９５９年1月、革命軍は首都に入城した。ヨットによる進攻からわずか2年2カ月、たった12人で始めた革命はきわめて短期間で成功したのだ。

カストロはいきなり社会主義に走ったのではない。最高裁判所の判事を大統領に、人権派の弁護士を首相に指名した。リベラル派と呼ばれる穏健な考えの人々だ。革命軍の主要メンバーはカストロを含め、いっさい新政府から距離を置いた。しかし、リベラル派の生ぬるいやり方では社会改革がまったく進まなかった。しかも大統領となった元判事は高い給料を要求し高級マンションに住んだ。カストロはリベラル派が古い体質から抜けきらないのを悟り、自ら首相になった。ここから改革は急になる。

カストロは当時のキューバ共産党（人民社会党）とも距離を置いた。キューバ共産党はカストロを冒険主義者と呼んで対立していた。カストロも革命の当初は「共産主義は自由を抑圧するもので、自由を大義とみなす私とは相いれない」と公言した。キューバ共産党は農民に地主の土地を占拠するよう呼びかけたが、カストロはこれを認めなかった。彼なりにバランスをとったのだ。

カストロはアメリカとも仲良くするつもりだった。革命後、カストロはすぐにアメリカを訪問して友好を訴えた。ニューヨークのセントラル・パークや大学で講演した。「我々は国家独裁であれ階級独裁であれ、あらゆる種類の独裁に反対する」と述べ、喝采を浴びた。だが、アメリカ政府は冷ややかだった。カストロは自分をヒューマニストだと言ったが、弟のラウルやゲバラは自分が共産主義者だと公言していたからだ。

カストロはアイゼンハワー米大統領との会見を求めたが、ゴルフに出かけて留守だという理由で断られた。代わって対応したのは副大統領のニクソンだ。後に大統領となりウォーターゲート事件で失脚した人物である。態度はそっけなかった。それまで中南米の国の代表者がアメリカを初めて訪問すれば経済援助を約束するのが普通だったが、カストロに対しては支援を口にしなかった。

✣アメリカとの対立

アメリカとキューバとの関係が破綻《はたん》する決定的なきっかけが農地改革だ。

革命から4か月後、キューバ政府は農地改革法を公布した。「耕す者に土地を与える」原則で、土地を持たない農民はだれでも無条件に27ヘクタールを受け取った。それ以上の土地がほしい者は67ヘクタールまで買うことができた。農民だけでなく、大農園の労働者や失業者にも土地が分けられた。

農民に分配した土地は大農園や大企業が持っていた土地で、大半が米企業のものだった。このころキューバの耕作地の75％がユナイテッド・フルーツなどアメリカの企業のものだった。その土地の多くが接収され、補償は年利4・5％で期限20年の政府公債で支払われることになった。条件は大企業が支払っていた税金に応じて算定されたものだ。独裁政権の時代にアメリカは税で優遇され低率の税金しか払っていなかったが、革命後はそれが裏目に出ることになった。

とはいえ、カストロは言う。「我々が実施した農地改革は、マッカーサー将軍が日本で実施した農地改革ほど急進的ではなかった」と。たしかにその通りだ。第二次大戦後にマッカーサーのGHQが日本で農地改革を行ったときは、大土地所有制度を徹底的につぶした。補償のレートも年利2・5％、期限24年だ。キューバでカストロが行った農地改革の方がはるかに地主にとって有利である。マッカーサーは結果的に、日本でキューバ革命以上の社会主義革命を起こしたことになる。

農地改革をすればアメリカが報復するとわかっていた。同じ中南米のグアテマラでは進歩的なアルベンス政権が農地改革を発表しただけでCIAが組織した傭兵《ようへい》が攻め込み、アルベンス政権は崩壊した。それはわずか5年前だ。下手をすれば、キューバにも同じようにアメリカは軍事介入するだろう。だが、カストロは断行した。土地を持たない貧しい農民に土地を与えることは、キューバ革命の根幹だったからである。

農地改革の実施は1年後とされていたが、それに先駆けてキューバ最大のアメリカ人所有の牧場2つが接収された。さらにアメリカの鉱業資本の土地も接収された。革命から1年後の1960年1月には、アメリカ人の大規模なサトウキビ畑が収容された。

ここにいたってアメリカ政府はキューバ革命政府を非難し、キューバ産の砂糖の輸入を制限すると脅した。当時のキューバは砂糖で外貨を稼いでいた。というより産業は砂糖しかなかった。砂糖が売れなければ経済的にやっていけない。ピンチに陥った。

ここで出てきたのがソ連だ。ソ連のミコヤン副首相が突然キューバを訪問し、ソ連が年間100万トンの砂糖を買い付けると持ちかけた。しかもソ連の石油を国際価格よりも安くキューバに売り、1億ドルの援助をすると約束した。砂糖のように甘い誘惑である。

当時の冷戦下でアメリカとソ連は傘下の国を一つでも増やそうと競争していた。ソ連はこの年、同じ社会主義国の中国と仲たがいして中ソ紛争が始まった。それだけにキューバに有利な条件で抱き込みを図ったのだ。経済的に行き詰まったキューバ政府は受け入れた。

ソ連からの原油が到着すると、キューバ政府はスタンダード社などアメリカ系の石油会社に精製を求めた。しかし、アメリカ政府は精製を拒否するよう石油会社に指示した。するとキューバ政府は石油精製所を接収して国有化し、さらに石油企業以外のアメリカ系企業36社を国有化した。アメリカはキューバの砂糖の輸入を95％カットした。ソ連は、アメリカがカットした分はそっくり引き受けると申し出た。アメリカは一部の食糧と医薬品を除きキューバへのすべての輸出を禁止した。

今日まで続くアメリカのキューバに対する経済制裁は、こうして始まった。１９６０年10月だ。翌61年1月、アメリカはキューバとの国交を断絶した。長年続いてきた敵対関係はここから始まった。

こうしてみると、アメリカがキューバをソ連側に追いやったことや、ソ連が自らの都合でキューバを仲間に引き入れたこと、対立が対立をあおり、米ソの綱引きの中で小国キューバが翻弄されたことが見て取れる。

✣ＣＩＡの陰謀

アメリカの情報機関ＣＩＡはキューバ革命政権の転覆を謀《はか》った。まず進めたのはカストロの暗殺計画だ。『ＣＩＡ秘録』というニューヨーク・タイムズの記者が書いた本がある。公開されたＣＩＡの膨大な記録を掘り起こし、アメリカ政府の諜報活動を暴露したものだ。あらゆる手を使ってキューバの革命政権を転覆しようとしたＣＩＡの手口が詳しく書かれている。

当時のＣＩＡ長官はアレン・ダレス。兄は戦後の日米関係の道を決定し「日米安保条約の生みの親」と呼ばれるジョン・フォスター・ダレス国務長官だ。兄弟でアメリカの表の外交と裏の外交を仕切った。

ＣＩＡの記録によると、キューバ革命から1年後の１９６０年３月、ダレスＣＩＡ長官はカストロの食事に麻薬を紛れ込ませる計画を作成した。ニクソン副大統領は賛成した。２週間後、アイゼンハワー大統領はキューバの革命政権を武力で打倒する秘密工作を承認した。アメリカに亡命したキューバ人を軍隊に組織してキューバに攻め込ませる「ブルトン作戦」だ。グアテマラで成功した手をここでも使おうとした。

同じ月、ベルギーの武器を積んでキューバにきたフランス船がハバナ港で大爆発を起こし、死傷者３００人以上の大参事となった。葬儀の日、カストロは演説で初めて「祖国か、死か」という言葉を使った。以後、この言葉を彼は演説の最後で必ず言うようになる。

そのとき檀上に顔を出したゲバラの姿を、キューバ人の写真家アルベルト・コルダがとっさに２コマ撮影した。その一枚、深いまなざしで遠くを見つめているような顔の写真は「英雄的ゲリラ」と名づけられた。今も世界に広まっているゲバラの肖像がこれである。

１９６１年1月にはアメリカの大統領がアイゼンハワーからケネディに替わった。ＣＩＡのキューバ侵攻作戦をアイゼンハワーがケネディに伝えたのは、ケネディの大統領就任式の前日である。

ＣＩＡは就任したばかりのケネディ大統領に、反革命軍がキューバに侵攻すればキューバ国民は両手を挙げて歓迎しカストロ政権はすぐに倒れると説明した。ケネディはよく事情もわからないまま、グアテマラの先例を考えて侵攻を許可した。

計画では、侵攻軍の上陸地点はキューバ中南部のピッグズ湾（キューバ名はコチノス湾）だ。数千人の亡命キューバ人が上陸すると同時にパラシュート部隊が浜に降りて近くの滑走路一帯を奪い、臨時政府の樹立を発表してアメリカ政府に支援を要請する。アメリカはそれに応える形で海上に待機させた米艦船から海兵隊と空軍を出動させ軍事支援に乗り出す、というものだ。しかし、ピッグズ湾はマングローブと泥の沼地で上陸に適してなかった。ＣＩＡが持っていた測量図は１８９５年に作られた古いものだった。この点、ＣＩＡは間が抜けていた。

翌週、ＣＩＡのエージェントがハバナでレストランの従業員を買収し、毒薬の瓶を渡した。カストロが食べるアイスクリーム・コーンに入れようとしたのだ。しかし、キューバ側に発見されてしまった。ハバナ最大のデパートにＣＩＡ要員が放火した。デパートは全焼し死者が出た。

４月。ソ連の宇宙飛行士ガガーリンが史上初めて地球を回ったニュースが世界を驚かせているさなか、米空軍の爆撃機がキューバの飛行場三か所を爆撃した。キューバの空軍力は半減した。今や、アメリカがキューバの革命政権を武力でつぶそうとしていることが明らかになった。ここでカストロはアメリカとの決裂を決心する。

緊急集会を開いたカストロは「この革命は貧しい人々の、貧しい人々による、貧しい人々のための社会主義革命であり、民主革命である」と述べ、キューバ革命が社会主義革命だと初めて宣言した。1961年4月16日だ。

✣反革命軍を撃退

このとき、ＣＩＡが組織した1511人のキューバ人反革命軍は約200人ずつ7個大隊に分かれて5隻の輸送船に分乗し、グアテマラを出港してキューバに迫っていた。米海兵隊を乗せた航空母艦エセックスを中心に、米海軍の艦隊が背後を固めた。

反革命軍の司令官はＣＩＡ幹部のフェリックス・ロドリゲスだ。のちにボリビアで捕まったゲバラを尋問して殺害し、ニカラグアの反政府ゲリラ支援の指揮をとった男だ。その後もベネズエラのチャベス政権転覆にかかわった、裏の世界の大物である。

4月17日午前2時、侵攻軍は上陸用舟艇に乗り替えてピッグズ湾のプラヤ・ヒロン（ヒロン浜）に上陸した。しかし、キューバ側は正規兵2万5000人に加え、20万人の民兵が侵攻に備えていた。侵攻軍を真っ先に発見したのは地元の民兵だ。すぐに応戦した。夜が明けると侵攻軍のパラシュート部隊が降下し、民兵を挟み撃ちした。そこに正規兵が駆け付けた。カストロ自身も急行して戦車に乗り陣頭指揮した。海上ではキューバ空軍の戦闘爆撃機が侵攻軍の貨物船を爆撃した。積んでいた燃料のドラム缶を直撃し、輸送船は大爆発を起こした。上空には約800メートルもキノコ雲が立ち上った。まるで原爆が落ちたようだったという。

激戦は3日続き、圧勝したのはキューバ側だ。「72時間の勝利」と呼ばれる。侵攻軍は臨時政府を宣言する暇もなかった。沖合で待機していた米軍の航空母艦と駆逐艦はなすすべもなかった。侵攻軍は114人の死者を出し、1189人が捕虜となった。死者の中にはアメリカ軍のパイロット4人もいる。アメリカ政府はそれを公表するわけにはいかず、CIAは何年も遺族に対して事実を隠した。キューバ軍の死者は161人だ。

キューバ政府はアメリカに対して捕虜の引き渡しと引き換えに賠償金を払うよう要求した。米政府は200万ドルを支払った。CIAは交渉に当たった弁護士を利用してカストロに潜水服をプレゼントした。潜水服には殺害に充分な細菌が仕込まれていた。それを知ったカストロは苦笑した。たしかに彼はスキューバ・ダイビングが趣味だが、暑いキューバでは潜水服など着ることはない。CIAは最後まで間が抜けていた。

侵攻した地名をとってキューバではこれをプラヤ・ヒロン事件、アメリカではピッグズ湾事件と呼ぶ。作戦の成功をケネディ大統領に請け負っていたCIAのダレス長官は5か月後、長官を辞職した。生まれたばかりのキューバ政府軍が短期決戦で反革命軍を破ったことは、新生キューバにとって大きな自信となった。

Ⅴ章　理想から現実へ

1960 年代～ 70 年代

ボロ車の荷台に乗ってサトウキビ刈りに向かう人々（1971 年）

✣ミサイル危機

カストロ政権を武力で打倒しようというアメリカの計画は挫折したが、これで手を引くようなアメリカではなかった。こんどはキューバ人の傭兵《ようへい》ではなく、アメリカ軍が陸海空軍と海兵隊を動員して大規模に侵攻しようという大胆な計画を立てた。1962年2月だ。ソ連はスパイ情報でこれを知り、キューバに中距離ミサイルを配備することを提案した。

ダレスに代わってCIA長官に就任したマコーンに対して、ケネディ大統領の弟のロバート・ケネディ司法長官が「アメリカのキューバ侵攻の口実を作るために、CIAが米軍グアンタナモ基地に偽装攻撃をかけることはできないか」と質問したのは1962年8月21日だ。マコーンは否定した。

マコーンCIA長官は翌日、ケネディ大統領に警告した。「ソ連がキューバにミサイルを配備しているかもしれないので、もしアメリカがキューバを攻撃すれば核戦争につながりかねない」と。こうしたやりとりは、後に公開されたマコーン自身のCIA秘密メモで明らかになった。

ソ連がキューバにミサイルを持ち込んでいるのではないかという疑惑が急速に問題になった。この時点でCIAはミサイル搬入の明確な証拠を持っていなかった。むしろ楽観していたと言っていい。マコーンはその直後に再婚し新婚旅行に出かけたからだ。だがその1週間後、キューバ上空を飛んだ超高空偵察機・U2型機が撮影したフィルムにはソ連が建設中のミサイル基地が写っていた。

キューバに残るソ連のミサイルのそばに立つ筆者（2007 年）

ソ連の最初の中距離ミサイルがキューバの港に入港したのは9月15日である。10月4日までに核弾頭99個がキューバに運び込まれた。その1発で広島型原爆の70倍の威力を持っていた。これがすべてアメリカに撃ちこまれれば、アメリカは広島の約７０００倍の被害を受けていたはずだ。

「危機の13日間」が開始したのは10月16日だ。ホワイトハウスではスパイ機が撮影したキューバの写真を前にケネディ大統領らが言葉を失っていた。ミサイル発射台は40あり、完成すればアメリカの半分が射程に入る。ケネディ大統領はＣＩＡ幹部にミサイルが実際に発射できるようになるまでにどれだけの期間がかかるか聞いたが、誰も答えられなかった。大統領はキューバのミサイル基地を攻撃する計画、基地一帯を大規模に空爆する計画、キューバに全面侵攻・占領する計画の三つの計画を用意するよう指示した。

20日にはキューバを海上封鎖し、ソ連の貨物船を阻止する作戦が始まった。空母8隻を含む軍艦183隻が出動し、4万人の海兵隊が輸送船に乗った。キューバに近いフロリダ半島には、戦闘機579機が待機し、陸軍の5師団が詰めた。完全な臨戦態勢である。

22日にはケネディがテレビでミサイル基地の状況を公表し、その瞬間、世界は核戦争の間際にあることを知った。27日にはキューバ上空を偵察していたU2型機がソ連のミサイルで撃墜され、緊張が最高に達した。いつ核戦争が始まってもおかしくなかった。

序章で述べた、沖縄の読谷《よみたん》基地にミサイル発射命令が出されたのは28日である。ソ連が譲歩したのは、まさにこの日だ。アメリカがトルコに配備していたミサイルを撤去し、キューバを侵攻しないと保障するなら、引き換えにキューバのミサイル基地を撤去しようとソ連は提案した。ケネディはすぐに受け入れ、用意していたキューバ侵攻計画も放棄した。核戦争は回避された。

世界がホッとした時に、激怒したのはカストロだ。ソ連がキューバから手を引けば、アメリカは約束をほごにしていつか好きなようにキューバを攻撃するだろう。ソ連はキューバを最後まで支援すると約束しながら、今になって自らの利益のためにキューバを見殺しにするのか。そもそもソ連がキューバに事前に相談せずにアメリカと取引するとは何事か。キューバ国民は死を覚悟してアメリカとの戦闘に備えていたのだ、と。カストロはソ連のフルシチョフ書記長に何度も書簡を送って、ソ連の「背信」を責めた。

ソ連としては、ミサイル撤去と引き換えに、アメリカのキューバ侵攻計画を破棄する約束をアメリカから取り付けたのだから、キューバにとっても利益のはずだと考えた。その通りなのだが、キューバにとってはソ連から裏切られたという思いの方が強かった。

✣理想主義を求めて

ここからキューバは、ソ連と距離を置いた独自の社会主義路線を進めて行く。ソ連の衛星国の一つとなるのではなく、独自の発展を求めた。ソ連に頼らずに独り立ちできる経済を目指して、工業化を進めた。

キューバ革命の大きな理念に教育の機会均等があったが、キューバ危機が起きた1962年に教育の無料化を実現した。文盲《もんもう》をなくすために識字《しきじ》運動を展開し、中学生が農村に出かけて農民に字を教えた。

平等な社会の実現をめざし、電気やガス、水道やバスなどの公共料金は無料にした。この年の賃金体系は、農業労働者が220ペソ、高級官僚は200ペソから250ペソ、中央政府の閣僚でさえ300ペソだ。どんな労働も尊いのであり賃金で差別してはならないという平等主義が貫かれた。

企業の収益はすべて国家の予算に組み込まれた。カネのために働くのではなく社会のために自発的にボランティア労働しようという運動が、ゲバラの提唱のもとに進んだ。ゲバラは「革命の最終目標は、人間を解放することである」「みんなが一人のために、一人がみんなのために働こう」と訴えた。ゲバラの「新しい人間」を目指す運動が広く展開された。

世界ではスターリンの粛清《しゅくせい》が知られ、ソ連社会の闇が明らかになった時期である。社会主義における人道主義が議論され、フランスの哲学者サルトルがゲバラの主張する「新しい人間」を大きく評価した。「キューバ風社会主義」が貧困にあえぐ世界の人々の目に新鮮に映った。

こうした中でゲバラは65年にアルジェリアで開かれたアジア・アフリカ人民連帯機構の経済会議で、ソ連を「搾取するアメリカ帝国主義の共犯者」と罵倒した。ゲバラにとっては、社会主義といいながらエリート層が君臨するうえ他の社会主義国を従属させようとするソ連は、本来の社会主義からはずれているとしか思えなかった。

キューバ革命が成功した今、世界各地で貧困や搾取《さくしゅ》にあえいでいる人々を解放するのはキューバ人の義務だという考えも生まれた。アメリカの意向でアメリカ大陸を網羅する米州機構（ＯＡＳ）がキューバを追放した1962年、カストロは「革命家の義務は革命を起こすことだ」という「第二次ハバナ宣言」を出して中南米全体に反帝国主義革命を呼びかけた。63年にはモロッコによる侵攻に直面したアルジェリア政府からの要請を受け、1個大隊をアルジェリアに派遣した。以後はアンゴラなどアフリカ諸国に部隊を派遣した。65年にはゲバラが現地司令官となりコンゴでゲリラ戦を開始した。

米ソの二大超大国による世界支配に対し第三極が必要だと、非同盟運動に積極的に参加した。アメリカと戦うベトナムへの支援を強く訴えるとともに、ゲバラは「第二、第三のベトナムをつくろう」と主張して米国の帝国主義に反対する闘いを世界に広めた。キューバは第三世界の革命運動の旗手となった。

ベトナム戦争が75年に終わり、ベトナムが得た米軍の武器をキューバに引き取ると、アフリカ戦線で使ったり中米エルサルバドルの革命軍に渡したりした。ニカラグアで1979年に起きたサンディニスタ革命には軍事顧問を派遣した。

自立のためには経済がしっかりしていなくてはならない。とりあえずキューバ経済の大黒柱である砂糖産業を盛り立て、外貨を獲得して財政基盤を整えようとした。砂糖の大収穫運動（グラン・サフラ）計画を立て、1970年には通常の年の倍の1000万トンの砂糖を生産しようと国民に呼びかけた。

このとき、アメリカの若者からキューバを支援する運動が起きた。アメリカ政府が小国キューバをいじめるのなら、アメリカ国民がキューバを助けようというのだ。彼らは、アメリカ国民はキューバに渡航してはならないという国禁を蹴った。「サトウキビ刈り部隊（サフラ・ブリガーダ）」となってキューバに渡り、キューバのためにボランティア労働をした。ゲバラが唱える「新しい人間」運動がキューバ国外に広がった。

その動きは、ヨーロッパにも及んだ。そして日本にも。それがどんなものだったかは、具体的に証言できる。なにせ私自身がその一人としてキューバに渡ったのだから。

✣キューバでサトウキビ刈り

中学時代にキューバ危機を身近に経験して6年後、私が大学3年生で20歳のとき、狭い日本の国境を超えて別の世界を見たいと、ふと思った。日本の常識と世界の常識は違うのかもしれない。それを知るためにも日本とはまったく違う世界を体験したかった。そこで選んだのがキューバだ。まさにキューバ政府が砂糖1000万トン生産計画を発表した1970年のことである。

きっかけは、たまたま目にした新聞の記事だ。日本キューバ文化交流研究所という市民団体がキューバにボランティアの「サトウキビ刈り部隊」を派遣するという。一風変わったキューバ風社会主義を自分の目で見たいし、ラテンの陽気な世界への憧れもある。

東京都港区の研究所を訪ねて説明を聴くと、現地で3か月間働き、その後は2か月ほど全国を旅行して回る計画だ。費用は往復の航空券代など42万2500円。労働の報酬はないが、そのかわりにキューバでの生活はいっさいキューバ政府が面倒をみるという。

日本からキューバに派遣された部隊は1970年から72年までの3回だ。私は71年に派遣された2回目の部隊のメンバーとなった。いっしょに働いた日本人は36人。1971年1月、カナダ太平洋航空のダグラスDC機に乗り、羽田空港を出発した。メキシコ市でキューバ航空機に乗り替えた。

ハバナに着いたのは日本を出発して3日後だ。空港でにぎやかな歓迎会が開かれた。お礼に日本人も何か歌おうという声が出て、大学で合唱団にいた私が指揮をすることになった。とっさに思いついたのは「幸せなら手をたたこう」だ。あとで頭の固いメンバーから「これはブルジョワの歌だ」と非難された。

まあ、キューバを目指すだけに左翼の若者が多かったのだ。とはいえアメリカに対抗して民族主義を主張する右翼もいた。でも、大半は私のように好奇心に駆られ「何でも見てやろう」と考えた素朴な若者だった。

四輪駆動車に乗って5時間半かけ、キューバ中部サンタクララ市の奥地にあるサトウキビ農場に着いた。入り口には「永遠なる勝利の日まで」と書いた大きな看板が立っている。ゲバラを象徴する言葉だ。これが私たちのサトウキビ刈り部隊の名だった。

見渡す限りサトウキビの畑の中に、にわか作りの木造平屋建ての仮設住宅のような宿舎がいくつも建つ。宿舎には木製の二段ベッドが並ぶ。ほかに食堂や床屋の建物もある。迎えてくれたのは90人ほどのキューバ人だ。彼らと一緒に予定を変えて4か月を共同生活しながら畑で働いた。

朝は5時半、まだ暗いうちに「シャラララライ・ココッコー」というラテンのけたたましい音楽に乗って、「デ・ピエ（起床）」という言葉が有線放送のスピーカーから流れる。飛び起きて支給された作業服を着て編み上げの靴を履き、熱い牛乳一杯と固いパンを食べる。包丁を大きくしたような刃渡り40センチの山刀《やまがたな》をヤスリで研《と》ぐ。トラクターの牽《ひ》く荷車に乗って畑に向かうころ、ようやく地平線が白み、夜が明けた。

✣陽気なラテン社会主義

見渡す限り地平線までサトウキビ畑が広がる。沖縄で目にする曲がったサトウキビとは違ってキューバのサトウキビは竹のようにまっすぐに立ち、高さは2メートルもある。畑に入ると体が隠れる。山刀をふりかざし身体を90度に折って、サトウキビの根元を切る。重力のため砂糖の成分は根元に溜まるからだ。午前中の労働は10時半まで続き、昼間の食事と休憩をはさんで午後は2時半から5時半まで、1日に7時間の労働だった。

早朝は寒くてセーターを着ていても風邪をひきそうになったが、太陽が顔を出すとにわかに暑くなる。しかも急に炎天となる。作業を20分したあとシャツを脱いで放り投げると、すぐに白い縞《しま》模様ができた。汗といっしょに体から流れ出た塩だ。革命前は奴隷がしていた仕事である。鉛筆しか持ったことのない日本の学生にとっては重労働で、へとへとになった。

日本人とキューバ人がペアを組み、横に並んで同じ速さで刈り進めて行く。私の相棒はハバナ大学獣医学科の学生で、私と同じ21歳のラファエルだ。彼はほんの少し働くと仕事の手を休め、山刀をギターのように持ってビートルズを歌った。彼が最初に覚えた日本語は「ツーカレタ（疲れた）」だ。革命をしている国の若者がこんなに怠《なま》けていいのかと思うほど、この言葉を連発した。

夕方、仕事が終わると、キューバ人が娯楽室の太鼓を持ち出してポンポコと打ったり、食堂から鍋とナイフを持ち出してガチャガチャたたいたりして、空き地でダンスが始まる。どこにこんな元気があるのかと不思議に思ったが、昼間に無理して仕事せず、夜の踊りのためのエネルギーを蓄えておくのだ。自分の能力と状態に合わせて適度に働くのがキューバの常識だ。踊りも、決まった型に従うのではない。それぞれの個性を発揮して自分に合った動きをすればいいのだ。

彼らにとっては楽しむために生きるのであって、働くことが人生のような日本風の考え方はありえない。当時の日本では24時間働くことがいいことだと思われていただけに、キューバ人の生き方は新鮮だった。社会主義より先にラテン主義に浸った。

キューバ革命のさい、政府軍の爆撃の合間に革命軍の兵士は軍靴を脱ぎ、銃で戦車をたたきながら踊ったというエピソードが、このとき身体で納得できた。陽気な性格と楽天性、いわばラテン社会主義こそ、キューバを今日まで生きのびさせているのかもしれないと思った。

✣革命三世代

キャンプにいたキューバ人は三世代に分かれた。革命に実際に参加した40～50歳代の中年、革命の理念に沿ってこれからのキューバを建設しようとする20～30歳代の青年、そして物心ついたら革命社会だった10代の少年少女だ。

革命世代の中年は、自分たちが社会を変えたという誇りと自信に満ちていた。一方で、考え方は古いままだ。古くからの共産党員で45歳のアロンソという男性は、男が女を何人も愛人にするのは当たり前だが、女は一人の男に尽くさなければいけない、とこともなげに言う。キューバ革命の理念に反しないのかと問うと、「だって、みんながそうやっているから」と居直った。

革命というなら、そんな意識も変えようとは思わないのかと問うと、「社会を変えるのは若い連中のやることだ」と平気で語る。「革命家」と呼ばれる人のなかには「これからは女性もスポーツをしよう」と呼びかけながら、自分の妻には「スポーツなんて女のやることじゃない」と止めた男性もいた。頭が時代についていけないのだ。政府の中で権威を振りかざしてやたら威張り、汚職で逮捕されるのがこの世代だった。

第二世代の、私の相棒のラファエルや、彼のハバナ大学の同級生で28歳のホルヘは、物心ついた時代に革命を迎えた。ビートルズを歌う自由さと、共産主義のお堅い理念を併せ持つ。１９６８年のソ連のチェコスロバキア武力介入を話題にすると、ホルヘは「ソ連を支持する者が共産主義者だ」という紋切り型の答えをした。

この世代は、革命や社会主義の理念を頭で理解しようとするが、体験から来る自信は持ってない。このため自分の主張は持てず、ひたすら権威にすがろうとする。とかく共産党の機関紙の社説に沿った教条的な官僚主義に陥りがちだった。新しい社会を建設するにあたって現場のリーダーや中堅幹部になったのがこの世代だ。

三番目は革命後に物心がついた世代だ。

サトウキビ畑ではペアごとに刈った量を記録し、月に一度くらい最優秀のペアが表彰された。キューバ人でも年長者たちはこれを当然だと思ったが、10代の若い世代は違った。ネニータという目のぱっちりした16歳の女子高校生は「みんな一生懸命にやっているんだから、刈った量で競うべきじゃない」とはっきりと述べた。
刈り終えたサトウキビを一定の大きさの山に盛り上げ、山がいくつになったかで刈った量をはかった。山を小さくして数を増やそうとしたのは年長の世代だ。彼女は「山は大きい方があとで車に積み込むのにいい」と主張して、むしろ山の数を減らそうとした。

山刀を手にサトウキビ刈りの合間に畑で休む筆者、左はネニータ（1971年）

彼女は典型的な革命後の教育を受けた世代だ。カストロは、この世代がキューバを指導する時代こそ革命が達成される時だと語った。革命の進行する過程の社会に身を置いた外国人として、たしかにそう感じた。21世紀となって、まさに今、その時代となった。

✣座頭市、キューバ野球

日曜は休みだったが、バスで見学に行くことも多かった。砂糖工場、かんきつ類の農場、保育園、中学、高校、大学……。中部の大学では学生たちが鉄筋コンクリート3階建ての寮を建設していた。トロッコを押し、シャベルをすくう。授業の科目に数学や英語などと並んで労働も入っている。1年のうち数か月を畑で共同生活しながらサトウキビを刈るのも教育の一環だ。

地方の全寮制の4年制中学校では、2学年が午前中の2時間を畑で働き、他の2学年は教室で学び、午後は逆にしていた。労働が人間形成につながるというゲバラの主張がそのまま教育制度となっていた。

夜や休日には娯楽の時間もあった。ゲバラの伝記などキューバの映画が上映されたが、いっしょに働くキューバ人が喜んだのは日本映画の「イチ」だ。勝新太郎主演の「座頭市《ざとういち》」である。「弱い立場にある障害者」が「虐《しいた》げられた民衆の味方」となって、「権力者を倒す」という点がキューバ革命に共通するというのだ。画面に座頭市が登場すると、キューバ人たちは歓声を上げ拍手した。

野球はキューバにとって国技とも言えるスポーツだ。休日に日本チームとキューバ・チームで野球大会をした。キューバ側のピッチャーはヘスースという農民だ。彼が投げる球の速さに驚いた。いくら目を凝らしても見えない。投げたと思ったら、もうキャッチャーのミットに収まっている。キューバでは草野球でさえ相当なハイレベルである。バットにかすりもしなかった。

スペイン語の講習会が週に一度の割であった。革命後のキューバで文字を知らない農民のために作られた識字教育の教科書を使っての授業だ。私は日本を出発する前に東京のスペイン語学校で2カ月の速習コースを受けただけの知識しかなかったが、共同生活する中で耳からスペイン語を覚えた。ズボンのポケットに辞書を入れて会話のつど出てきた単語を確認していたら、1か月で日常会話を問題なく話せるようになり、3か月もすると政治の話もできるようになった。

スペイン語も国や地方によって方言があるが、キューバのスペイン語は最もわかりにくいと言われる。単語の語尾が消えるのだ。「マス（もっと）」が「マ」としか聞こえない。「デスプエス（あとで）」が「デプエ」となる。大ざっぱなラテン系の中でもキューバはとりわけおおざっぱで、言葉さえも省略してしまう。あまりに暑いため、口を動かすのも面倒なのだろうか。キューバのスペイン語に慣れると、スペイン本国の言葉が実にきれいに聞こえた。

畑で4か月働いたあとは、バスでキューバ全国を見て回った。どこを見たいか、あらかじめ希望を聞いてきたので、私たちはいろいろ希望を出した。精神病院、障害児の学校、病院などだ。もっとも弱い立場の人々がどう扱われているかを知れば、その社会が見えると思った。精神病院の患者は伸び伸びとしていた。繊維工場や靴工場、タバコ工場そして牧場や砂糖の精製工場も訪れた。

飛行機でキューバ南部のピノス島に行き、農業をしている日系人たちに会った。もはや日本語が話せないお年寄りもいたし、『文藝春秋』をずっと取り寄せている人もいた。ここで会ったのが、ゲバラと握手した原田さん夫妻だ。第二次大戦中は、政府がアメリカべったりだったため原田さんたち男性は監獄に入れられた。カストロたちが収容されたのと同じ監獄である。その間は妻のけさのさんが畑を耕しながら6人の子を養った。原田さんの娘も、私たちの部隊のメンバーとなって、いっしょにサトウキビを刈った。

ゲバラの肖像が掲げられた工場で働く労働者たち（1971年）

反革命軍が上陸したヒロン海岸は、労働者の保養地となっていた。道路わきには標識のように50センチ四方の看板が立ち、人の顔と名前が書かれている。反革命軍と戦って亡くなった人々を記念するものだ。戦車の残骸の前を海洋学校の生徒たちが歩調をとって行進していた。

カストロの革命軍がメキシコから上陸したキューバ東南部の半島の先に行くと、新しい村が建設されていた。大がかりな畑地を作り、その真ん中に村をつくる。アパートはテレビ、冷蔵庫付きで学校や保育園も整っている。「町の人々に入居を呼びかけている。強制的に入居させることはない」という説明だったが、これなら人は喜んで入るだろう。

キューバ東部のサンティアゴ・デ・クーバも訪れた。カストロたちが蜂起したモンカダ兵営は博物館と高等学校になっていた。来訪者の記帳をめくると「小田実《まこと》1968・5・3」という記述があった。

作家の小田実氏である。７月26日には首都ハバナで開かれた革命記念日の集会に参加した。

✣キューバ流民主主義

キューバ社会を知るにつれて、疑問も多く生まれた。靴工場を訪れると労働組合の書記長がいた。労働組合の仕事の内容を聞くと、計画通りに生産するよう労働者の自覚を高め規律を守らせることだと言う。ん？　それは経営者側の発想ではないか。

組合指導部は天下りだ。労働条件の討議もしない。これは私たちが考えるような労働者の立場に立った組合ではない。「革命の方向と労働者の要求が一致しているから」というのだが、納得はできなかった。

何か決めるさいにみんなで話し合う習慣がなかった。指導部が方針を決めて、大衆はそれに従うというやり方だ。指導部が常に大衆の立場に立って考えているし、今の大衆は教育の程度がまだ低いので議論ができないという。選挙がないのも、指導部が大衆の声を汲み上げてやっているから、別の人を選ぶ必要がないという発想である。私たちの考える西欧型の民主主義とは違う。

とはいえ、現地で実際にキューバ人と接していると、彼らの言い分も理解できた。革命からまだ10年ほどしかたっておらず、民度は革命前とさほど変わらない。革命前は民主主義などまったく存在しなかった。討論などしたことがなかった。いきなり「権利の行使」と言われても、何をしていいのかわからないのだ。それにこの時期の革命政府は、人々の要求を先取りする形で改革を進めた。

民衆の要求よりも政府の政策の方がより革新的だった。

しかし、1970年代になると、民主主義が叫ばれるようになる。カストロが職場と労働組合の民主化を呼びかけたのが1970年だ。これまでは工場長一人が指導していたが、労働者の代表による集団指導に替わるべきだと言い始めた。指導者が必ずしも民衆の意向を反映してはいないことが浸透したのだろう。71年には学生の組織、全学連が結成された。それまでは共産主義青年同盟が「指導」していたが、党と学生組織を分離した。72年のメーデーでは、選挙で16万人の組合指導者が選ばれたことが報告された。民主主義がようやく入り始めた。

しかし、これとは逆行するソ連型の社会主義が急速に導入されたのも、この70年代だ。経済的な自立を目的としたサトウキビの大収穫計画は失敗した。目標の1000万トンには遠く及ばなかった。自立できない以上は完全にソ連の傘下に入ることにし、72年にはソ連が主導した経済援助相互会議（コメコン）に加盟した。

75年には第1回共産党大会が開催され、ソ連型社会主義の制度化が決まった。翌76年には社会主義憲法が国民投票で承認された。大統領と首相が廃止され、ソ連の機構をまねた制度になった。新しくもうけられた国家評議会議長にカストロが就任する。ラテンのおおらかな革命は硬直化した。

Ⅵ章　特派員として見たキューバ

1980年代～今日まで

大型トラックを改造、2つこぶのラクダのような形で目抜き通りを走る「ラクダバス」（2003年）

大学を卒業したのち私は朝日新聞の記者となったが、入社後10年で中南米特派員として赴任した。こんどはニュースのプロとしてキューバを取材することになった。１９８４年から87年までの３年間、ブラジルに住んで中南米33か国を一人で担当した。地球の六分の一の面積を取材範囲に持つため、３年間で飛行機に４００回乗った。

当時はニカラグアやエルサルバドルなど中米の３か国が内戦をし、ほとんど戦場特派員だった。平和なキューバは話題にならず、ようやく取材に訪れたのは86年だ。7月26日の第33回革命記念日に合わせて行った。サトウキビ刈りの体験から15年がたっていた。

社会主義国への取材といえば当時、暗い話ばかり聞いた。ソ連や中国では取材ビザを取得するために面接を受けなくてはならず、現地に着けば政府の回し者が監視し、尾行がつき、反政府派の人に会えば政府から嫌がらせをされ、政府を批判する記事を書けば追い出される、などだ。

ところが、キューバには、その一切がなかった。

最初こそ取材ビザをとったが、入国してみるとキューバの場合、取材のためのビザはよほどのことでもない限り不要だ、とわかった。以後は新聞記者だと名乗りつつ観光ビザで堂々と入国したし、係官もすぐにＯＫのスタンプを押した。

入国したあとの取材も自由だった。反政府派の大物で投獄されたこともある人物の自宅に行き写真も載せて主張をそのまま記事を書いたが、キューバ政府から文句を言われたことはない。取材で嫌な思いをしたことはなく、自由度は他の社会主義国とはまったく違っていた。

✣理想と現実

この時代の中南米諸国はどこも貧困や不平等にあえいでいた。失業者があふれ、貧しい家の子どもは学校に行けずに働き、街はゴミだらけで裸足にぼろを着た子やホームレスだらけで、市街地の外には広大なスラムが広がっていた。治安は悪く強盗やかっぱらいなどはごく日常だ。昼間でも路地に入れば襲われるのを覚悟しなければならない。

そうした中でキューバだけは別世界だった。

街は清潔でゴミが見られない。失業率はゼロで、ホームレスがいない。スラムもない。ぜいたくさえ言わなければ食べるに困らず、飢えて死ぬことはない。治安はすこぶる良く、女性が一人で夜に出歩いても心配ない。裸足《はだし》の子は見られず、どの子も靴はもちろん、真っ白な靴下をきちんとはいていた。

教育は幼稚園から大学の博士課程まですべて無料だ。医療も無料で技術の水準は高い。心臓移植は日本より早くキューバ人医師の手で行われた。平均寿命は日本並みだ。誰もが教育を受けられ、誰もが病気になったら診察を受けられるという革命の理念は見事に実現していた。

しかし、革命当初の熱気は、なかった。

レストランに入ってメニューを見ると料理の名が並んでいるが、どれを注文しても「それはありません」という返事だ。出せる料理は2、3品しかなかった。店員は多すぎるほどいるのに、客に目もくれず壁にもたれて無駄話をしている。列に並んだ客が店内に入るには最低30分かかった。

市民の生活は大変だ。夫婦共稼ぎで収入は400~500ペソだ。食糧や靴、服など生活必需品は配給でまかなう。配給や家賃や光熱費はとても安く、生活費は家族で200ペソあれば十分だ。ところが、配給では最低限のものしか手に入らない。普通に食べていると1か月分の食糧は20日で底をつく。余分の200ペソを使ってフリーマーケットで買おうとするが、配給の何倍もの値段だし、品物が少なくてすぐに売り切れになる。人気のジーンズは1着が100ペソもした。外国企業に勤務するキューバ人の中には、月給をジーンズで現物支給して欲しいと頼む人もいた。

たしかにどこのスーパーや店をのぞいても棚は空っぽだ。食糧も物資もあらゆるモノが明らかに不足していた。街のあちこちにある配給所はどこも長い列だ。15年前は太った人がかなりいたが、今は痩《や》せた人だらけだ。

理由はあった。輸出の大黒柱である砂糖の国際価格が下がり、ハリケーンが襲って収穫が激減した。ソ連から入った石油を節約して余った分を輸出し外貨を稼いでいたが、石油の国際価格も下落した。こうした事情があったのだが、生活が苦しいのはすべて米国の経済封鎖のせいだと、キューバ政府はひたすら米国を批判した。

✣息詰まるソ連型社会主義

しかし、この80年代半ばの社会の停滞には別の理由があった。平等のあり方だ。

古いアメリカ車が今も現役だ（2004年）

街のあちこちに博物館があるが、1日の訪問客が10人くらいの小さな博物館に入ると、すべての小部屋に一人ずつ監視員が座っていた。たいした展示はなく、彼らは退屈なため昼寝している。どう見ても無駄だ。

こうなったのは失業者をなくすという社会主義のタテマエから、必要以上に多くの人を雇用したせいだ。たしかに雇用は１００%になったが、働いても働かなくても同じ賃金なので、大半の人々は怠惰になった。もともと働かないキューバ人がますます働かなくなった。見事にソ連型社会主義の悪い面がそのまま表れていた。社会は明らかに行き詰っていた。

街を走る車は米国製の年代ものが目につく。１９５０年型ビュイックや52年型ダッジなど、もはや映画でしか見ることができないクラシックカーがキューバでは現役だ。ガソリン1リットルで3キロしか走らず、効率は非常に悪い。屋根がなくビニールで覆ったものや、閉まらないドアを縄で縛ったものもある。故障すればソ連製トラックの部品で代用していた。

新しい車はソ連製のラーダで、街を走る車の6割以上だ。自転車やオートバイもソ連製が多い。本屋にもロシア語の本が並ぶ。革命後はソ連がアメリカに取って替わった。

86年の革命記念日の集会は、かつて最も貧しかった地域であるサンクティ・スピリトゥス市で開かれた。カストロは貧しかった地域が革命でいかに発展したかを語った。女性の社会進出で大きな成果があったことも強調した。一方で、内政がうまくいっていないことを隠さず、非能率、官僚主義、腐敗を三悪と指摘し、その一掃を訴えた。そこで彼が叫んだのは「革命家が第一になすべきことは働くことだ」という言葉だ。

共産党の中央委員会でカストロは暴露した。輸入した高価な医療機器が2年も木箱のまま眠っていた。繊維工場では従業員の4人に1人が毎日、ミスをしていた。数億ドルを投じて開発したニッケル鉱山でニッケルが出なかった。早く退職して年金が受け取られるようにニセの診断書を法外な価格で乱発していた悪徳医師が逮捕された。非能率や腐敗はもはや社会を覆う病気となっていた。

政府は、対立していたカトリック教会と和解する方針を出した。この機会に首都ハバナの中心部にあるメルセド教会を訪ねた。19世紀の古い教会だ。中庭のベンチに座っていた85歳のフェルナンドさんは、革命前には薬剤会社員だった。「革命前は休みをとってどこにでも自由に行けたが、今はどこにも行けない。前は働けばその分収入が増えたが、今は懸命に働いても収入に変わりはないので、誰も働かなくなった。親戚の40家族がアメリカに逃げた。ワシも行きたいが、もうこの年だ。

政府は言うことは立派だが、やることが違う。今のシステムは間違っている」と話す。

ミサの時間に再び訪ねた。1200人分の席があるが集まった信者は60人で、ほとんどが老人だ。白い僧服を着た助任司祭は「憲法は宗教の自由を保障しているが、市民は教会に来るのを恐れている。具体的な圧力はないが、目に見えない圧力を感じる」と話す。

✣堂々と政府批判

中南米特派員を終えて日本に帰国したあと、発刊されたばかりの週刊誌「AERA」の記者としてキューバを取材した。1989年で、前回から3年たっていた。

首都ハバナは年に一度のカーニバルの真最中だった。パレードが練り歩き数十万人の見物人でごった返していた。広場では人気バンド「ロス・バンバン」の生演奏で野外ディスコ・パーティーが開かれ、1000人を超す若者が踊っている。

私を外国人記者と見て、若者2人が話しかけてきた。軍の共産主義青年同盟のメンバーであるフラクと学生共産同盟員のメリー。ともに22歳だ。

「今はいている靴は120ペソ、シャツは70ペソ。ところが月給は200ペソ。どうやって生きていけというのか。それでいて、もっと社会に奉仕せよとせきたてる。24時間奉仕なんてできるものか。キューバにもソ連のペレストロイカのような改革が必要だ」

「今の社会には自由がない。ペレストロイカについて書かれた本を読むことさえ禁じられている。

政府に反対のことを言うと逮捕される。言論には常に圧力がある。息が詰まる」

「ドルショップには何でもある。だが、外国人は買えるのに、キューバ人は店に入れない。こんな差別があっていいのか。社会主義的植民地主義ではないか。政府は民主集中制と言うが、民主主義と集中制は本来、対立する概念ではないか」

2人は普段は模範生で将来の共産党員の候補である。それが外国の記者に対し堂々と名を名乗って、口をきわめて政府を非難する。

これはこれで健全な社会の変化だ。黙って政府に従う時代から、市民それぞれが自分の意見を持ち議論するようになった。革命前を知らない30歳以下の世代が総人口の56％と半数を超え、革命への見方にも変化が現れた。

社会にも変化が見られた。レストランに行くと、以前は客を無視して無駄話していた従業員がせっせと働いている。出される料理も増えた。町の配給所に行くと、配給品も増えている。牛肉は1キロが1ペソで、当時の価格では175円だ。職員は世界一安いと自慢した。

しかし、相変わらず店にはモノが少ない。ハバナで最大のデパートのおもちゃコーナーは、棚の半分が空で、犬の縫いぐるみ3種、バドミントンの羽根1個、刺繍《ししゅう》セット1組、それが商品のすべてだった。牛乳屋の前には牛乳1本買うのに2時間並ぶ列ができる。日本映画祭が開かれたとき、画面に東京のスーパーの棚が映ると観客からいっせいにワーッというどよめきと拍手が沸いた。品数の豊かさに驚いたのだ。

✣一石三鳥の工夫

一方で材料が乏しい中、社会を自分たちの手で少しでも良くする努力が見られた。首都の郊外のアラマル地区では5階建てのアパートを建設中だった。炎天下で汗まみれの作業員19人は、ふだんはハバナ港で働く港湾労働者である。荷役会社の全社員が一時的に建設労働者となった。完成すれば30部屋のうち6割の18部屋が港湾労働者の仲間に割り振られる。残りは一般市民向けだ。10時間の作業時間のうち2時間は無償奉仕だ。

これは一石三鳥の名案である。たるみがちな社会奉仕の精神を鍛え、貿易が減って荷役が暇になったのを合理化し、合わせて住宅不足を解消する。ミクロ・ブリガーダ（小隊）と呼ばれるこうした建設隊が全国で活動していた。

すでに完成したアパートに住む26歳の労組専従ホルヘ・バレラさんは「おれは革命家だ。チェ（ゲバラ）の犠牲的精神を引き継いでいる。年に2か月の休暇があるが、うち1か月は農村でボランティア作業をする」と胸を張る。妻のハバナ大学の英語講師スサーナさんは、小学生のときにカストロが教師不足を訴えたのを聞いて教職を志したという。

地区のあちこちに2階建ての小さな診療所があった。1階が診察室、2階が医師の住居だ。若い医師が地区に住み込んで住民の健康を気遣うホーム・ドクターである。医師にとっては24時間労働になるが、26歳のマヌエル・リー医師は「医師の仕事は本来、犠牲的なものだから」と、今の日本では聞かれなくなった言葉をさらりと語る。診療所には1日に平均20人の患者がやってくる。リーさんが担当するのは625人だ。

こうした家庭医がこの時点で全国に6000人いた。1人の若い医師が平均120家族を常に見守る。手におえない重病の患者はもっと広い範囲をカバーする地域病院に紹介し、さらに重病の患者は大病院が引き受けるという3段階の治療態勢だ。診療所は病人の治療をするが、むしろ予防医療に力を入れている。風邪を引かないように手洗いを説いて回り、若者への性教育もする。

医療と国際協力で感心したのは、1986年のチェルノブイリの原発事故で被災した子どもたちを療養のために大量に受け入れていたことだ。年間600人もの被災した子どもたちが、空気のきれいなカリブの太陽の下で3か月間を過ごした。費用はすべてキューバ持ちだ。

革命から30年たって、社会は活き活きしていた。

✣絶頂から堕落へ

この89年にキューバは、革命以来の絶頂期を迎えた。

革命前には国民の三分の二は文字の読み書きができなかったが、今や文盲は1・5％だ。子どもたちすべてが学校に通う。乳児死亡率はアメリカより低い。平均寿命は革命前の50歳から74歳に伸びた。革命のときは全国に6000人いた医師の半数がアメリカに亡命し、3000人しか医師はいなかったが、10倍以上の3万5000人に増えた。しかも家庭医の制度を充実させたため、その後数年のうちに7万5000人になった。

経済も好調だ。革命以来、年率4％以上の成長をしてきた。30年で電力の生産は8倍、鉄は16倍になった。輸出の7割を占める主産業の砂糖では前年、サトウキビが目標の810万トンを上回る生産だった。ニッケルも増産し、毎年10万トンを採掘しても200年もつ豊かな埋蔵量であることが明らかになった。かんきつ類の輸出は世界第4位だ。グレープフルーツの生産と輸出は世界第2位になった。コンピューターのソフトウェアの輸出も200万ドルだ。

ゴルバチョフの登場で心配したソ連との仲も順調だ。ゴルバチョフはこの年、キューバを訪問したが、その直前に貿易議定書に調印した。ソ連はキューバに石油、機械、食糧から日用品まで輸出し、貿易額は90億ルーブルで過去最高に達した。

経済の好調さを受けて電化が進み、首都からはるか離れたシエラマエストラの山頂にも電気が灯った。革命のさい、カストロたちがたてこもった山である。増える需要に対して電気が足りなくなると見込み、ソ連の援助で中部シエンフエゴスの近くに原子力発電所の建設を進めた（あとでソ連がつぶれたとき、この計画もつぶれたが）。

新たな産業にも取り組んだ。最も力を入れたのが観光だ。新しいホテルがどんどん建ちはじめた。スペインの大手ホテル・チェーンと提携してハバナや観光地のリゾートに3年間で3000室分のホテルを建てる契約を結んだ。地理的に近いアメリカ大陸の国だけでなくヨーロッパをターゲットとして客を呼び込むことにしたのだ。

首都から車で2時間の、世界三大ビーチの一つに数えられるバラデロ海岸には、白砂のビーチに外国人専用の高級ホテルが立ち並んだ。海岸近くの滑走路にフランスやカナダから飛行機が直行便でやって来る。カナダ人は冬になると暖かいキューバを目指すので「渡り鳥」と呼ばれた。

観光のための国際見本市がキューバで開かれた。スペインやカナダ、イタリアなど11か国から130社が出品した。政府は「今後2年間に数十のホテルを建てる。部屋数は現在の倍になる」と豪語した。

高級レストランのメニューの売り物は伊勢エビだ。カリブ海で豊富にとれる伊勢エビはキューバ人の食卓には上らない。ホテルで客に出す以外の大半は日本に輸出する。「食べてしまえば1週間の給料分、金持ちの日本に輸出して外貨を稼げば赤ちゃんに無償でミルクをやれる。どちらがいいか」とカストロは国民に聞いた。

こうした中、スキャンダルが表面化した。4人の政府高官が麻薬の密輸に手を貸した罪で裁判にかけられ死刑となり、銃殺されたのだ。その中にはカストロとともに当初から革命戦争を闘ったオチョア将軍もいた。アンゴラ派遣軍の司令官でニカラグア軍事顧問団長も務めた大物だ。コロンビアの麻薬王からの申し出を引き受けてコカインを積んだ飛行機をキューバに着陸させ、船に積み換えて米国に密輸する便宜を図り、報酬として約5億円を受け取っていた。将軍は法廷で「このカネをキューバの観光業に投資して経済危機の打開に役立てたかった。軽率な行為が革命の尊厳を傷つけてしまったことは死に値する」と述べ、従容《しょうよう》（落ち着いた様）として刑に服したという。

しかし、部下の中には麻薬で得たカネでダイヤや電化製品を買った者もいる。好調な経済が堕落を招いたと言えよう。

✣キューバは降伏しない

その絶頂期に、キューバは最大の危機を迎えた。この1989年に東欧諸国の社会主義体制が次々に崩壊し、ベルリンの壁も崩れた。ソ連も危うくなった。

キューバは革命直後から経済をソ連に頼ってきた、この段階でも主食の米の半分をソ連から輸入していた。石油や機械など輸入の70％以上がソ連からだ。石油をきわめて安く譲り受け、節約して別の国に売って外貨を稼いだ。砂糖もソ連が大量に国際価格の4倍という好条件で買ってくれた。ソ連の経済援助はキューバの国民総生産（GNP）の3割を占めた。軍事援助に至ってはソ連一辺倒だ。ソ連なしにはキューバは1か月と持たないと言われた。

他の社会主義国がソ連のペレストロイカやグラスノスチ（公開）にならって西側諸国のやり方を取り入れたのに、カストロはその逆を提唱した。社会主義の原点にかえり、いっそうの社会奉仕と忍耐を国民に求めた。かつてゲバラが唱えた「新しい人間」になれとカストロは国民に迫った。

革命記念日に東部のカマグエイ市で開かれた記念集会で、カストロ首相は降る雨をついて熱弁をふるった。「もしブッシュ（米大統領）が社会主義は落日にあると思うなら、キューバを見よ。キューバは確固としている。キューバは降伏しない。たとえソ連が消滅するとしてもキューバ革命は前進する」と叫び、こぶしを振り上げた。すでに社会主義を捨てた東欧のハンガリーやポーランドを名指しで非難し、キューバは正統な社会主義の道を一歩も逸脱しないと宣言した。

そのときのメモ帳を出してみると、1ページに5か所も雨粒のあとがあり、書いた文字がにじんでいる。「キューバは降伏しない」とカストロが叫んだ直後に聴衆から「フィデル、フィデル！」と大合唱が起きたことが記してある。演説が終了した直後のところに、「ピオネール（少年団）が赤いネッカチーフを振る。拍手。雨にぬれた髪の雨の玉を振り払いつつ国歌を歌う。髪の雨粒が玉となって散る。フィデル、フィデルの大合唱」と書いてある。

しかし、現実は厳しい。90年には革命から初めて配給品が値上げされた。もともと少なかった配給品の量が、さらに目に見えて少なくなった。91年になるとソ連からの食糧や物資の供給が止まった。キューバ駐留のソ連軍7000人も撤退した。首都の街角には「社会主義は死んだ」「フィデル（カストロ）打倒」などの落書きが見られるようになった。この91年に開かれた第4回共産党大会は「全人民戦争戦略」を打ち出し、宗教を公認した。その年末、ついにソ連が消滅した。

アメリカに亡命したキューバ人たちのたまり場、マイアミでは早くもカストロ体制の崩壊を見込んでお祭り騒ぎとなった。キューバの崩壊を早めようとアメリカ政府はそれまでの反キューバのラジオ放送「ラジオ・マルティ」に加え、89年にはテレビ放送の「テレビ・マルティ」を開局した。1日3時間の放送でカストロ体制を非難する番組を流した。

92年にはアメリカがキューバの経済封鎖を強化するトリチェリ法が成立した。キューバ人の亡命者がキューバに送金することを禁じる内容で、キューバに外貨が入らないようにした。兵糧攻めを強化してキューバの崩壊を早めようとしたのだ。国内総生産（ＧＤＰ）は１９９０年から93年にかけて35％も落ち込んだ。これでキューバはおしまいかと思われた。

✣したたかさと工夫

しかし、キューバは生き残った。逆に「自分が解放キューバを訪れる最初の大統領になる」と言った米国のブッシュ大統領（父）は再選されなかった。92年にスペインのバルセロナでオリンピック大会が開かれたが、カストロは意気揚々と開会式に出席した。さらに父親の生まれ故郷であるスペインのガリシア地方を初めて訪問した。記者団から民主化について質問されると、「キューバが世界で最も民主的だ。スペインの国王も日本の天皇も、誰が選挙したのか」と反論する余裕を見せた。

実際、キューバ経済はソ連が消滅して３年後の94年には、すでに黒字になった。どうやって苦境を乗り越えたのかを知りたくて95年、取材に訪れた。

街にはヨーロッパからの観光客があふれていた。新しく開発された観光地では、ヨーロッパの資本による新しいホテルが林立していた。それも四つ星、五つ星級の高級ホテルである。街にはソ連製に代わって中国製の自転車が走っていた。ソ連に替わって中国と欧州連合（ＥＵ）との取引を急速に進めた成果だ。米は中国やベトナム、タイから、小麦はヨーロッパから、大豆はブラジルから輸入するようになった。いざとなれば、さっと付き合う相手を替えるのが危機に強いキューバのしたたかさだ。

街を車で走っていると、どす黒く巨大でいかにも無粋な建物が見えた。旧ソ連大使館、今はロシア大使館だ。まるで陰気な墓のように見える。キューバ人のロシア人への思いは、地に落ちていた。「今までいっしょに遊び、仕事した友だちが突然、態度を変えたらどんな気持ちになるか。それと同じだ」とキューバ人は言う。以前からキューバ人はロシア人を「ボーラ（球）」と呼んでいた。つかみどころがない、という意味だ。「あいさつもせず、面白味がなく、酒はがぶがぶと飲み、文化も教養もない嫌なヤツ」という悪い評価が完全に定着していた。

93年には市民のドル所有が解禁された。一応、表向きの公定レートは1ドルが1ペソだが、実際は１ドルが１７０ペソにもなった。94年には兌換《だかん》ペソという不思議な通貨制度ができた。キューバの通貨はペソだが、すでに信用がない。これとは別に1ドルが1兌換ペソの新通貨を設けたのだ。観光客が落とす外貨や出稼ぎ者が送金してくる米ドルを吸収するために考えられたものだ。政府は市民が持つ米ドルを兌換ペソで、やや高めのレートで買う。一つの社会に三つの通貨が出回った。

したたかさを具体化するようなものが街頭に現れた。トレーラーを改造して一度に２００人もの乗客が乗れるようにした大型バスが登場した。二つのこぶを持ったラクダのような形をしているので「ラクダバス」と呼ばれる。少ないガソリンで大量の人々を運ぶための工夫である。車体が長すぎて大きな道路しか曲がれないが、首都の真っ直ぐな大通りにはちょうどいい。乗り切れない人はヒッチハイクし、自家用車を持っている人はこうした人を乗せるのが義務となった。農村の耕作はトラクターでなく昔ながらの牛や馬に戻った。

たりない食糧を自給しようと、農村だけでなく都市でも農業をするようになった。首都の空き地にブロックで囲んだ「市民農園」があちこちに登場した。市民が公共の用地を借りて玉ねぎやトマト、ニンジン、サツマイモなどを育てる。それだけなら日本にもあるが、キューバで特有なのは有機農業をやっていることだ。オルガノポニコという。家庭の生ごみやミミズを使って堆肥を作り、ブロックやベニヤ板などで囲んだ中に堆肥を混ぜた土を入れ、苗床で生鮮野菜を中心に栽培する。首都ハバナでもあちこちに見られる。

一方で学校を訪ねると、物資不足が明らかだった。エルネスト・ゲバラ高校では、生徒たちに配給されるノートがこの年、一人あたり年に3冊だけだった。コンピューター室を見ると、骨とう品のように古い代物である。経済危機は自慢の教育にも影を落としたのだった。

とはいえ、したたかに生き残ったキューバを見て、当てが外れたのがアメリカだ。締め付けて息の根を止めようと96年にはキューバへの経済封鎖を強化するヘルムズ・バートン法を施行した。キューバ産のものがわずかでも含まれた品物は禁輸とし、キューバに寄港した船は180日間、アメリカに入港できず、キューバを国際金融機関から排除するなど、これまでアメリカが行っていた制裁を国際的に広げた。さらにキューバ国内の反カストロ勢力を支援することを明言した。

しかし、キューバはめげなかった。ここから風向きが変わってきた。

✣危機に陥った平等社会

2001年に私は米国特派員になった。肩書はロサンゼルス支局長だが、守備範囲はアメリカの西半分でアラスカやハワイも含む。さらに中米とカリブ海の一帯も持ち場だった。当然、キューバも担当した。9月1日付けで赴任すると10日後に9・11のテロが起きた。以後の1年は、たぶん記者人生で最も多忙な1年だったろう。引き続きテロが起きる可能性があり、しばらくはアメリカを離れられなかったが、2002年に入るとキューバを二度取材に訪れた。

食べ物はかなり出回っている。首都の革命広場では月に一度、日曜朝市が開かれていた。午前8時から正午すぎまで、国営農場の職員が野菜を市価の半額で売るのだ。安さを求めて市民5000人があたりを埋めた。見ていると目の前にトラックが乗り付け、木箱にいっぱい詰まったトマトやキャベツを降ろした。

4階建てのデパートができていた。オープンは2年前の2000年だ。1階はカフェと食料品売り場で、缶詰だけでなく生鮮食料品が山積みだ。人ごみで歩けないほどである。2階は婦人服売り場で、派手なパーティードレスもある。3階は冷蔵庫やカセットデッキなど電気製品が並ぶ。値段はアメリカと同じくらいだ。キューバ人の給料からすると、とても高い。4階は化粧品売り場だ。

ここでは米ドルでの支払いが通用した。街のアイスクリームの屋台でもドル払いができた。この時点で国民の60%がドルを持ち、キューバ国内に流通しているドルは4億ドルだった。海外からの

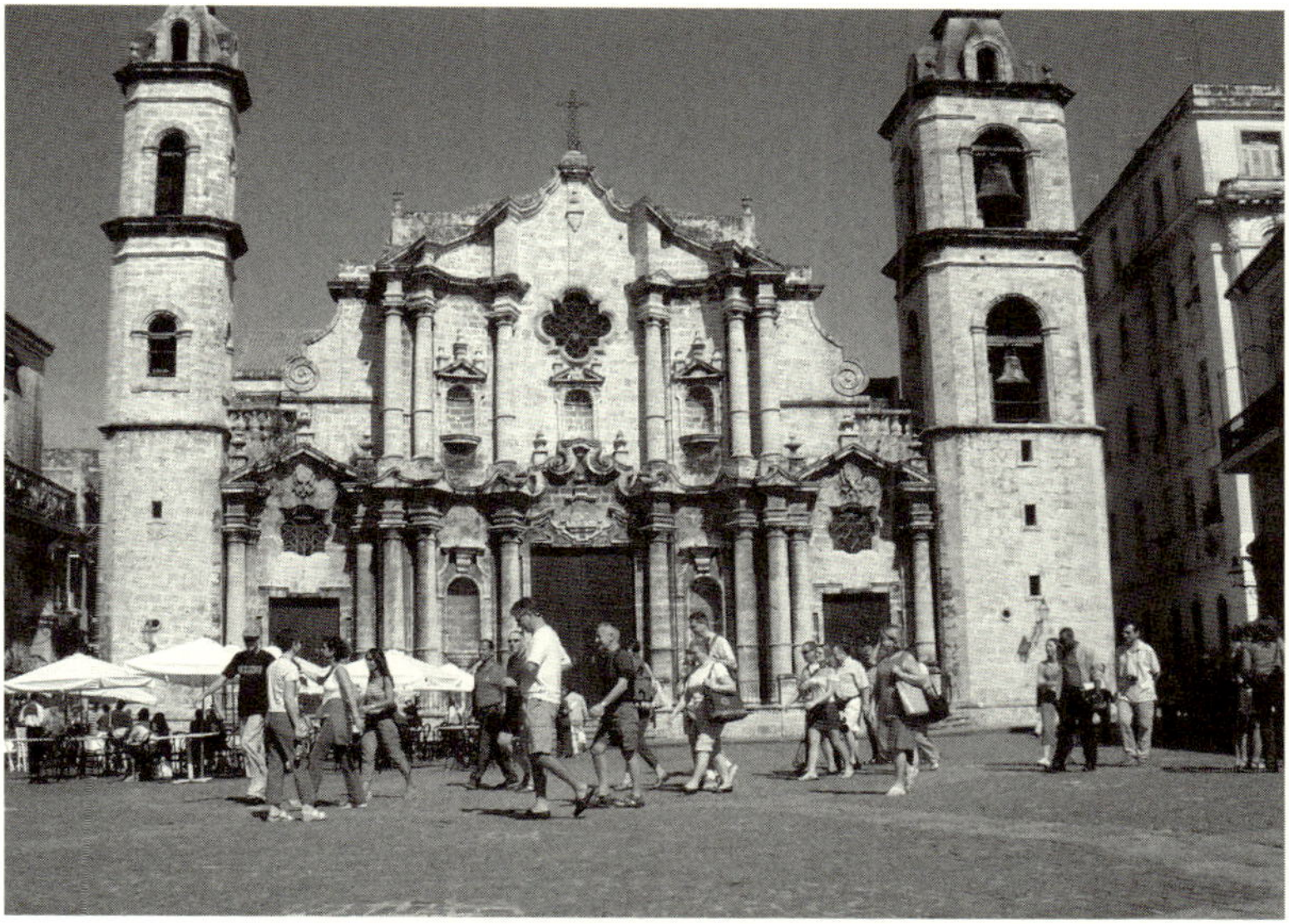

首都ハバナの中心部、スペイン植民地時代の大聖堂前を歩く外国人観光客（2004年）

観光客が支払ったり、アメリカに出稼ぎに行った親族からの送金が溜まったりして、ドルはあっという間に実質的なキューバ第二の通貨になったのだ。

このときのキューバの平均給料は２２０ペソだった。当時は1ドルが26ペソくらいだったから、ドルに換算すると8ドル余りで、当時の率で日本円にすると約１１００円だ。

一番のカネの稼ぎ手は観光客を相手にする人々だった。外国人観光客がタクシーに乗れば、料金とは別に1回に1ドルをチップとして払う。1日に売上とは別に20ドル以上のチップが懐《ふところ》に入る。つまり1日で3か月分の収入を得るのだ。チップをもらうホテルのボーイ、枕銭《まくらぜに》を当てにできる客室の清掃員も同じだ。大学教授や医師よりもはるかに多い収入になる。

専門職の公務員は副業を禁じられているのでドル稼ぎのアルバイトもできない。真面目に働くのは馬鹿らしいと人々は思うようになった。さらにドルを持つ者と持たない者と、格差がはっきりと出た。平等を掲げる社会主義の危機である。医者をやめてタクシー運転手に転職する人も出てきた。食肉加工の労働者が職場の肉をくすねて闇で売るなど、不正も日常となってきた。

アメリカの9・11テロの影響もあった。観光客が急に減ったのだ。前年比30％減である。アメリカの景気が落ち込んだため、アメリカに出稼ぎに行った親族からの送金も減った。おまけにテロ直後にはキューバをハリケーンが襲った。

だがこのとき、キューバにとっては思いがけない展開になった。テロでイスラム諸国を主敵と考えた米ブッシュ政権は、キューバに対して急に友好的になったのだ。ハリケーンの被害を受けたキューバに、ブッシュ大統領は食糧援助を申し出た。それがきっかけとなりアメリカとキューバは食糧貿易を開始した。詳しい事情はI章で述べたとおりである。

災《わざわ》いが福に転じた。

✣カーター元大統領訪問の効果

人道援助に続いて、人権外交がやってきた。2002年5月にアメリカの元大統領ジミー・カーター氏がキューバを訪問したのだ。冷戦時代からの宿敵をアメリカの大統領経験者が訪れるのは初めてである。

ハバナの国際空港に行った。カーター元大統領を迎えたカストロは、いつもの軍服ではなく珍しい背広姿だった。それも流行に合った幅広の襟の縦縞のダブルのスーツで、ネクタイも若々しい。スタイリストが入り、英国であつらえたのではないかと思うほど体にぴったりとしている。２人が並んだとき、緊張していたキューバの高官たちから笑みが漏れるのが見えた。２人のネクタイの柄が、まるで申し合わせたように良く似ていたからだ。

カストロは「自由に行動し、だれにでも会ってください」と述べた。普通、考えられないことである。たとえば中国に米大統領が訪問したとき、反体制派と会うのを中国政府は許さないだろう。カーター氏は本当に自由に行動した。キューバ政府も本当に規制しなかった。

ハバナ大学でカーター氏は「米国とキューバ・21世紀のビジョン」と題し1時間40分にわたって講演した。キューバ側は最初から最後まで、国営テレビとラジオで全国に生中継した。生中継を許すとは、何でも自由に語ってくれてけっこうだという姿勢の表れだ。

そこでカーター氏は、関係改善のためにはまず国交断絶に踏み切った米国の側から最初の一歩を踏み出すべきだと語った。アメリカの議会がキューバに対する経済制裁を解除すべきだと明言した。一方で、キューバ側にも人権や表現の自由など市民の基本権を認めるべきだと主張し、反政府派の主張に沿って国民投票するように勧めた。これは、本来なら内政干渉である。

カストロは観客側の席でカーター氏の真正面の中央の最前列に座り、目を光らせた。最初は、変なことは言わせないぞといわんばかりの表情だったが、やがてニコニコした。帰り際に２人は握手した。

カーター氏はキューバの反政府運動のメンバーとも会った。キューバに到着した翌朝に反政府派の活動家オスワルド・パヤ氏ら2人を招いて朝食をとりながら話した。帰国の前日にも反政府活動の中心メンバーを含む23人と会談した。カーター氏は民主化運動への支持を確約し、分裂している反体制派に団結を促した。これは明らかな内政干渉である。

内政干渉を承知でカストロはカーター氏を受け入れた。米国の大統領経験者が笑顔でキューバを訪れたこと自体が、両国の近い将来の関係改善を印象づけたからだ。カーター氏の行動を伝えるためにアメリカをはじめ世界からやってきた新聞、テレビ記者は124人。彼らによってキューバの生の風景や人々の表情が世界に知らされた意義は大きい。

✣反政府派の人々

カーター元大統領が会った反政府派の人々に2004年、私も会いに行った。これが旧ソ連や今の中国なら難しいだろうが、キューバは簡単だ。電話で「会いたい」と言い、自宅の住所を聞いて訪ねた。政府側からは何の圧力もない。聞いた内容を当人の写真入りで新聞に大きく書いたが、その後もキューバに自由に入れた。取材の妨害もまったくなかった。

まず会ったのはオスワルド・パヤ氏だ。カーター氏がキューバを訪問する直前、表現の自由や政治犯の恩赦など市民権の拡大の是非をめぐる国民投票を求める署名運動がキューバで起き、署名した人の数は1万人を超えた。これだけ多くの市民が合法的な反政府活動を起こしたのは1959年の革命以来、初めてだ。「バレラ計画」と呼ばれるこの署名運動を起こしたのがパヤ氏だ。

パヤ氏は映画「ロッキー」に出てくるシルヴェスター・スタローンのような顔立ちをしていた。腕のいい医療器具の技師として働くかたわら、市民団体「キリスト教解放運動」を設立した人権派だ。2002年には優れた人権擁護活動家に贈られるサハロフ賞を欧州議会から授与された。

「私たちの運動は今や全国各州に支部を持つに至った。政府は私たちを恐れている。毛沢東が死んでも中国の体制は変わらなかった。指導者の死や政府側の転換を待つのでなく、国民自身が社会を変革すべきだ。そのためにも参加型の真の民主主義が必要で、人権意識を高め、軍事政権から民主化した南米チリのような平和的な政権交代を実現したい」と話す。

オスワルド・パヤ氏（2004 年）

のちに米マイアミを訪れると、書店で「バレラ計画」のタイトルがついたスペイン語の本を売っていた。マイアミで発行されたもので、著者は亡命キューバ人だ。ノーベル平和賞を受賞したチェコのハベル元大統領がパヤ氏にノーベル平和

エロイ・グティエレス・メノヨ氏（2004年）

賞の授与を提唱していると書いてある。

次に会ったエロイ・グティエレス・メノヨ氏は、タカを思わせる鋭い目つきをしていた。だが、左目は拷問の後遺症で見えない。彼はもともとカストロの仲間だった。革命の際は第一戦線で戦ったカストロとは別に、第二戦線の司令官をしていた実力派だ。

革命後、政権がソ連寄りになったことに反発して米国に亡命し、反政府組織を結成した。１９６４年には武装してキューバに乗り込み政権転覆を図ったが失敗し、86年まで22年間、獄中にいた。視力はこのときに失ったのだ。

釈放後、米国に追放されてマイアミで反政府組織「キューバの変革」を創立した。95年にはカストロの呼びかけに応じてハバナを訪れ3時間にわたって会談した。その後、家族を米国に戻して自分だけキューバに残った。私が会ったときはビザが期限切れになり、いつ当局に拘束されるか分からないまま反政府運動を続けていた。筋金入りの活動家である。

会ったのはハバナ市内の彼の妹の家だ。メノヨ氏は「国民が自由にものを言える社会であるべきだ。キューバでは一党支配が長く続きすぎた。民主化のためにも米国の経済封鎖をやめさせるためにも、野党が必要だ」と語った。

政府が彼の不法滞在を黙認した理由について外国特派員の間では、カストロが複数政党制への移行を念頭においているためではないかと憶測が流れた。

✣検閲なしで出版も

2002年には革命後初めて、検閲されずに出版された本が出回った。「開かれた目」という題だ。詩やエッセーなど文学作品が中心だが、獄中の政治犯が書いた「内務相への手紙」や非暴力運動の紹介もある。キューバで書かれメキシコで印刷し旅行者が少しずつキューバに持ち込んだ。

発行したのは「キューバ独立図書館計画」という市民団体だ。反体制派の市民が自宅を図書館として開放し、人権や外国作家の本を並べた。こんな図書館が2003年の段階でキューバ全国に103か所あった。

首都のアパートにある第一号の図書館を訪ねると、蔵書が3000冊あった。なぜこのようなことができるのかと聞くと、1998年にカストロが「わが国には出版の自由がある」と国際会議で発言したのをとらえて運動を拡大してきたのだという。なかなかしたたかだ。

かつて反体制派は分裂していたため、政治的影響力を持てなかった。キューバでは「反体制派が

反体制派の市民が自宅を開放して本を集めた独立図書館（2003年）

3人集まると5つの政党が生まれる」と言われるほど分裂が激しかった。他人と同じことをしたがらないキューバ人の性格そのままだ。

変化が現れたのはカーター元米大統領が訪問して民主勢力の結束を促したからだ。その5か月後、321団体が結集して「市民社会推進会議」を結成した。2003年の国会選挙では、有権者にボイコットを呼びかけた。

政府はしばらく黙殺したが、ハバナの米国利益代表部が彼らと接触して支援したことを知ると弾圧に出た。米国の資金で体制転覆を謀ったとして75人が逮捕され、裁判で最高28年の禁固刑が言い渡された。キューバの市民団体「人権国民和解委員会」によると2003年の時点で327人の政治犯が獄中にいた。政府は政治犯という分類はしない。

反政府派の中心はメノヨ氏のような高齢者で、数も少ない。反政府運動が直ちに盛り上がる兆《きざ》しは見られない。しかし、不自由な生活に対する国民の不満が社会の底流として渦巻いていることも事実だ。

✣フィデルからラウルへ

政府は反政府派の動きに対して即座に反撃した。パヤ氏のバレラ計画で1万人の反政府派の市民の署名が提出された直後には、政府の手で逆の署名活動が始まった。社会主義は不変だとうたう文言を憲法に盛り込むことを求める運動だ。反体制派と同じ手を使いながら、数の優位を示そうとした。集まった署名は810万人で、有権者の99％に当たる。キューバの国会（人民権力全国会議）はこれを受けて憲法の国家規定条項を改正し、社会主義体制を変えることはできないという文言が憲法に入った。

2003年には国会の選挙が行われた。キューバでは16歳以上が選挙権を持つ。立候補者は議席数と同じだった。候補者は革命防衛委員会や労組などで構成する立候補委員会や地方の議員が指名した。つまり官選の信任投票だ。反政府派は棄権するか無効票で応じるように呼びかけた。投票の直後、まだ結果も出ないうちにカストロは「史上、最も良い選挙だった」と自賛した。

投票の結果はどうだっただろうか。

投票用紙を見ると候補者ごとに印をつける欄のほかに「一括賛成」の欄があった。ここに印をつけた人は体制支持派とみられる。有権者総数約830万人の91％を超える約760万人だった。

これに対して棄権や無効などの合計は約51万人だ。前回の1998年の選挙では約52万人だった。横ばいだが、減っている。有権者の割合からすると6％にすぎない。カストロが自信を示すのもうなずける。

その自信を打ち砕いたのは、彼自身の体調だった。2004年には演説したあと演壇を降りるさいに転んで脚を複雑骨折した。2006年には腸内出血を起こし緊急手術を受けた。そのときカストロが持っていた党第一書記、革命軍最高司令官、国家評議会議長兼首相などすべてのポストは一時的に弟のラウルに委《ゆだ》ねられた。2008年には党第一書記だけはカストロが維持したが、ほかは正式にラウルに移った。

権力が移譲された直後の2009年には閣僚評議会（内閣）が改造され、フィデル子飼いのペレス・ロケ外相やラヘ書記らが解任された。日本で言えば内閣改造で大臣が替わるようなものだが、これでいっそうラウルに実権が移った。

兄のフィデル・カストロが最初はマルティ主義者で通っていたのに対し、ラウルは学生時代から生粋《きっすい》のマルクス主義者だった。しかし、教条主義者ではない。中国の鄧小平のような現実主義者だ。長年、軍を掌握してきたが、輸送機や軍用車を観光向けにまわして資金を稼ぐなど、実利を重んじる傾向が強い。事実、キューバはその後、現実路線に向けて走った。

終章　ともに未来へ

ユネスコの世界文化遺産となったハバナの旧市街（2004 年）

❖なぜ米国は侵攻できなかったか

こうしてキューバの歴史を追うと、なぜ超大国アメリカがすぐそばの小国キューバに侵攻できなかったのか、おのずから見えてくる。アメリカはほかの中南米の国やイラク、アフガニスタンなどと同じようにキューバを武力でつぶそうとした。つぶせなかったのがベトナムとキューバだ。

革命直後からアメリカは経済制裁でキューバを兵糧攻めに出た。カストロの暗殺を何度も試みた。亡命キューバ人を雇って侵攻させた。米軍の直接侵攻のほかは、考えられるすべての手を使った。キューバはすべて実力で撃退した。

米軍が直接侵攻する計画は、ミサイル危機のさいにソ連がキューバの後ろ盾となったため消えた。ソ連がキューバを見捨てたとき、アメリカは経済制裁をいっそう強めたが、そのころにはキューバはもはや自立していた。

それでもアメリカ軍が大挙してキューバに侵攻したらどうなるか。カストロがこう述べている。

「もしブッシュ（米大統領）がキューバ侵略に踏み切れば、凄まじい戦争になるだろう。米国は武装した全キューバ人民の終わりのない抵抗に直面しなければならなくなる。我々を侵略し、この島を占領するには何百万人もの兵力が必要になる。米国に、そんな兵力はない」

「米軍の戦死者が膨大な数になることだけは確かだ。そうなることを米国は知っている。人間対人間の戦いになるからだ。通常戦争なら、米国ははるかに有利だ。だが、組織された人民抵抗戦争には前線も銃後もなく、彼らの軍事技術は無に帰してしまうだろう。キューバ人は男でも女でもだれでも、米軍の軍靴に蹂躙《じゅうりん》されて生きるよりも死を選ぶのだ」（『フィデル・カストロ　みずから語る革命家人生』岩波書店）

カストロが言うほどキューバ人すべてが団結して戦うとは思えないが、少なくともキューバ人の半数は武器を手に抵抗するだろう。米軍がキューバの主要都市を一時的に占領することはできるだろうが、長期にわたってキューバ全土を抵抗なしに支配下におけるとは、とても思えない。

アメリカは今後、キューバに対して武力や経済制裁ではなく、逆に経済の浸透によってキューバ人の心を支配しようとするだろう。先例がある。まさに日本がそうだ。アメリカに敵対していた日本を戦後、見事にアメリカの陣営（あるいは手下）に引き入れた。

だが、アメリカに痛めつけられた中南米の国々は、今や反発し自立への道を歩んでいる。その先頭に立ってさんざん殴られてきたキューバは打たれ強さを身に着けた。もはやアメリカの思うようにはなりえない。

✥キューバはどこへ行くのか

キューバはこれから、どこへ行くのだろうか。

２０１１年に第６回共産党大会が開催された。党大会は14年ぶりだ。それまでは１９７５年からほぼ５年ごとに党大会が開かれていたのだから、２回分が抜けたことになる。理由はカストロの健康状態の悪化だ。満を持して開かれた第６回大会でカストロは正式に第一書記も退任し、弟のラウル・カストロが名実ともにトップに躍り出た。

同時に、党と革命の基本政策を大転換した。国営部門を縮小し、民間や外資を拡充することにした。所得格差を認め、配給制は基本的に廃止した。これまでとってきた全国民向けの福祉政策はもはや無理だと放棄し、社会的弱者だけに的を絞ることにした。

一口に言えば、革命以来目指してきた平等政策、純正な社会主義に見切りをつけたのだ。もはやこれまでのような「大きな政府」を維持するのは無理だと判断した。「背に腹は代えられない」ということだ。この政策は２０１３年から制度化に入った。

雇用１００％だったキューバに失業者が増えている。街でフリーターが目につく。軍の化学工場で技師をしていたリーデルさんは東欧の旧社会主義国から部品が届かなくなって工場が閉鎖、失職した。以来、もう長く露店の本屋をしている。「私は共産主義者ではないが、すべての人が文字を読めるようにした革命は素晴らしいと思う。貧しくてもこの社会が好きだ」と話す。彼のような素朴な発想の市民は多い。しかし、広がる貧富の差を目の当たりにして、何のための革命だったのかと、首をかしげる人々も少なくない。

元ハバナ大学教授で経済評論家のスアレス氏は「機会均等という革命の原則が壊れた。極貧状態の人々が15万人もいる。これまでになかった現象だ」と懸念を口にする。同時に「とはいえ、我々はソ連崩壊による93年の経済危機を乗り越えた。今回もやがて解決できるさ」という楽観的な見通しも語った。

キューバ革命を成功させたのはラテンの楽観性だった。今後の決め手も同じなようだ。病気に倒れたカストロは２０１０年にハバナ大学で数万人の学生を前に軍服姿で45分間の演説をした。同じ年、日本のＮＧＯピースボートがハバナに寄港すると、乗客７００人の前に現れ2時間半も話す余裕を見せた。２０１３年には国会議員選挙で街中の投票所に姿を見せ投票した。その後も中南米で何かあるたびに政治的な発言をしている。

カストロは２０１５年8月13日に89歳になった。突然亡くなったときのために新聞社では折々のキューバ担当者がカストロの訃報《ふほう》と評伝をあらかじめ用意し、担当者が替わるたびに書き直している。朝日新聞だけでもすでに10回以上は書き換えられた。私が用意した原稿はもう過去のものになっているだろう。

カストロの在任中、彼を葬ろうとしたアメリカではアイゼンハワー、ケネディに始まって最近のオバマまで11人の大統領が交代した。これだけの政治家と渡り合ったことを見ても、カストロの怪物ぶりがわかる。若くして亡くなり神格化されたゲバラほど世界の人々から信奉されておらず、キューバ国内でも21世紀に入ってからは頭の固さがうんざりした目で見られてきたが、まぎれもなく歴史上の人物だ。

キューバの将来を見るために、経済、医療、教育、若者に焦点を当ててみよう。

❖未来への指標―経済・医療

キューバと言えば砂糖と、かつては言われた。しかし、砂糖の生産は1989年をピークに落ち込み、キューバ経済における砂糖の存在は急速に薄れた。政府は2002年、全国に計156か所あった製糖工場のうち70か所を一挙に閉鎖した。

代わって急速に伸びたのが観光だ。名高いバラデロ海岸のほかキューバ北部のあちこちでリゾート開発が進み高級ホテルが林立する。2014年に海外からキューバを訪れた観光客は300万人を超えた。その10年前は200万人だったから、10年で100万人増えたことになる。今後はオバマ大統領の規制緩和でアメリカからキューバを訪れる観光客が急増し、観光はキューバで断トツのトップ産業になるだろう。

観光客を受け入れる態勢も着々だ。ハバナ旧市街にある文豪ヘミングウェイが通ったバー「フロリディータ」には、彼の等身大の銅像が建てられた。キューバでの同性愛問題を扱って高い評価を受けた映画『苺《いちご》とチョコレート』の舞台となった同市内の住宅は、高級レストランになった。

2004年、ユネスコの世界文化遺産に指定されたハバナ旧市街の広場で、ラム酒製造の老舗《しにせ》「ハバナクラブ」の街頭パーティーが開かれた。フランスの販売会社と提携して、世界にラム酒を売り出した成功を祝うイベントだ。乾杯の歓声の中で社長は「米国の経済封鎖が解けた翌朝に、米国でハバナクラブを大量に売ってみせる」と息巻いた。本当に用意しているかもしれない。

＃

革命の大きな目標の一つが、医療と福祉の充実だった。革命直後からこれまで22の医科大学を創設し、医師を大量に養成した。乳児死亡率は先進国と同レベルで、中南米では飛び抜けて低い。しかも医療は完全に無料だ。医療に関する限り、革命の成果は目標以上を達成したと言える。今や全人口約1100万人に医療専門家の数は約9万人で、国民120人に一人と言う医療大国だ。

冷戦時代にキューバは国際協力の名の下、中南米やアフリカ諸国に兵士を送ったが、並行して医師や看護師も送った。これまで世界120か国に医師らを派遣し、2015年現在で世界の60か国以上に約5万人が派遣されている。ゲバラの娘のアレイダさんも医師で、ベネズエラの農村地帯で働いた。「父の遺志は今、医療協力に受け継がれています」という彼女の発言が、キューバ共産党機関紙「グランマ」で紹介された。

2004年にハバナのギテラス病院を訪れると、63歳のハイメ・デイビス医師はそれまでの11年間にジャマイカやエチオピアなど4か国で医療活動したと語った。社会主義諸国だけでなく資本主義の国でも赴くのだ。海外に行くのは志願制で、行き先は政府が決めるという。日本で言えば青年海外協力隊のようなものだ。職場から医師が派遣されると、その分は同僚が今以上に働いて穴埋めする。

医師の派遣が最も多いのは友好関係にある南米ベネズエラだ。ただし、一方的な支援ではない。見返りとしてキューバはベネズエラ産の石油を割安で輸入している。2010年にベネズエラを訪れると、この国だけで2万5千人のキューバ人医師や看護師が医療活動をしていた。この国ではつい15年ほど前まで、貧しい人は医者にかかれなかった。革命前のキューバと同じだったのだ。1999年にチャベスが政権をとると、キューバと連携した。今やジャングルの奥地にさえ病院が建てられ、キューバ人の医者が治療に当たる。

首都カラカスのスラムにはキューバのホームドクター制度をそっくりまねた診療所があった。キューバ人の女性医師と夫のスポーツ・インストラクターが住み込み、妻は地域住民の治療をし、夫はハンドボールを教えていた。キューバ革命がそのままベネズエラに輸出されたようだ。

外国に派遣するだけでなく、キューバ国内には途上国の貧しい医学生を集めて無料で教える寄宿舎つきのラテンアメリカ医学校がある。2014年までの15年間に世界33か国から来た2万4486人が卒業した。

ハバナ郊外にある外国人向けの長期療養施設は高級ホテル並みの施設で150室ある。リハビリ用のプールから美容整形部門まで完備している。滞在費は月に40万円以上だが、ヨーロッパからも患者が来る。私が会ったイタリア女性は「治療設備が複合的に整っているのは世界でここだけ」と満足そうだった。キューバは相手を喜ばせつつ、ちゃっかり稼ぐのだ。

✣未来への指標―教育・若者

教育は、キューバが誇るもう一つの革命の成果だ。

中南米諸国では今なお貧しさのため学校に行けず街頭で働く子どもをよく見かける。だが、キューバは小学校から大学院まで教育は完全に無料だ。識字率は96%で、中南米で最高の水準である。自国の子どもだけではない。外国からも奨学生を受け入れている。アジアや東欧を含め、世界の100カ国近くから1万人以上がキューバ各地の大学で学んでいるのだ。なんとアメリカ人もいる。貧しくて学校に通えない子が教会を通じてキューバに留学し薬学などを学んでいる。

ハバナ大学の数学・情報通信学科の部屋には120台のコンピューターがずらりと並び、学生たちが熱心に画面を見つめていた。学生たちは24時間、コンピューターを無料で利用できる。深夜も満員だ。机を回ると、多くはインターネットを通じて外国のサイトを見ていた。中には女性のヌードを見る学生もいた。

日系4世のジェネイ・デルガドさんは、毎日5時間はコンピューターに向かうという。「日本を含め世界中のニュースを見ることができて楽しい」と話す。学生はすべて大学から電子メールのアドレスをもらっている。社会主義国だけにメールのやりとりが自由にできるのか気になり後日、学生の一人に日本からメールを出してみた。「制限はまったくありません。大学が電話代を払っているから乱用はしませんが」という返事が即座に返ってきた。

デルガドさんからその後、私にメールが入った。日本の団体の招きで日本を訪れるという。東京を案内しようと思い、行き先の希望を聞くと「アキバ」という答えが返った。

#

ハバナ郊外に創立された情報科学大学は全寮制で、4000人の学生が個室を持ち各部屋には最新式のパソコンが備えてある。この場所にはかつて、ソ連がアメリカの電子情報を収集するために建設したルルデス基地があった。「情報戦の最前線基地」から情報大学に変化したのだ。冷戦時代からグローバル時代への転換を象徴するようだ。国民が自由にインターネットにアクセスすることは、政府にとって危険をはらむ。海外の情勢を知れば現体制への不満を抱きかねないからだ。だが、政府はリスクを覚悟のうえで、あえて人材育成に力を置いている。

若者たちはどんな意識を持っているのだろうか。ハバナの中心部で出会ったのは国際商業専門学校の生徒たちだ。星条旗を描いたTシャツを着た21歳のアマウリ・ロハス君は英語と商業を学んでいた。「世界に出ていくのに英語は欠かせない。卒業したら輸出企業に勤めたい」と話す。アメリカのポップスが好きで、父親の職場のコンピューターをこっそり使ってマイケル・ジャクソンの曲をダウンロードしたと笑う。

海に面したマレコン通りでは、国立バレエ学院の生徒たちに出会った。16歳のライネル・ディアス君はバレエのポーズを取りながら「いつか本場の欧州にわたって公演したい」と夢を語った。若者たちにせっぱ詰まった閉塞感はない。アメリカとの国交が回復することは、彼らにとっては閉じていた一つの窓が開いたという認識だ。

✣持続可能な社会主義

米国との国交回復が実現したことで、キューバはキューバでなくなってしまうのではないか、キューバは社会主義を捨ててアメリカの従属国に戻るのではないか……などと考える向きがある。いやいや、キューバはそんなにヤワではない。革命から半世紀以上も米国の干渉を退け、超大国のすぐそばで自立を貫いた経験で、キューバは著しく鍛えられた。そこがソ連とも中国ともベトナムとも違うところだ。

今やグローバリズムの時代で、ソ連が解体したあとのロシアがいびつな資本主義国となり、中国やベトナムが社会主義に資本主義を取り入れた。そんな時代にキューバだけが純粋な社会主義を貫けるわけはない。しかし、米国流の弱肉強食の資本主義が世界にはびこる中で、キューバは根本理念として社会主義を堂々と維持していく構えを崩さない。

革命の当初に目指したような、完全平等でだれもが豊かな暮らしをできるほどの完璧な社会主義の実現は、少なくとも今は無理だ。すでに21世紀に入ってキューバが変化してきたように、社会正義の実現を追及する「持続可能な社会主義」に向けて歩もうとしている。

社会の底辺を切り捨てて一部の金持ちの利益を優先するのが米国流の新自由主義なら、社会の底辺の利益を優先し、落ちこぼれをなくしてだれもが社会の恩恵を受けられる社会こそ、キューバの社会主義が目指すものだ。その原則にのっとったうえで現代世界の事情に合うように柔軟に対処しようとする。

国が国民すべてを丸抱えするのではなく、これからは軽工業などの分野で国営企業の民営化が顕著に進んでいく。2010年に16万人だった自営業者は2012年に39万人に、2015年には49万人と急増した。自営業は急速に拡大するだろう。すでに現場で起きているように、工場や企業体の中での労働者による自主管理、つまり産業現場での協同組合化がいっそう進むだろう。

それとともに食糧問題の解決のために全国の遊休地の耕作権を20万人の希望者に貸与して自営農民とする計画が進行中だ。国家の手を離れる労働者がさらに増えて行く。

かつて革命直後は労働者の99%が公務員だったが、2015年は85%、そして政府の目標は65%にすることだ。いわば国家経済の三分の二が社会主義的であり、残る三分の一が資本主義的という、資本主義と社会主義の混合経済を目指す考えだ。

対米関係は今後、どこまで進展するのだろうか。国交が回復しても米国による対キューバ経済制裁はいぜんとして続いている。それがなくならなければ正常な関係とは言えない。制裁を決めたのは米議会であり、キューバの問題ではなく米国の問題だ。米国の議会の変化が待たれる。

キューバ国内にあるグアンタナモ米軍基地も、ここが大西洋とカリブ海とメキシコ湾の要にある地政学的な位置からして、米国が簡単に手放すわけがない。両国の対立はなお続く。

✣社会主義から社会正義へ

それを打開するのは両国民の交流だ。米国民が観光客としてキューバになだれ込めば、キューバの実情をその目で知る。キューバ敵視の観点からのみ理解していた米国人のキューバ観は、急激に変化せざるをえない。国交正常化によってアメリカ側も変化を迫られるのだ。一方で、米国のドルがキューバに大量に流れ落ちることで、キューバ人の商品経済への考えも一変するだろう。長く禁欲していただけに拝金主義が急速にはびこりそうだ。そうした両国関係に加えて、中南米全体が米国と対抗する一大勢力圏を築こうとしている外からの動きも作用する。

キューバ共産党の一党独裁はすぐには変わりそうにないが、世界の民主化の流れの中で変化が起きざるを得ないだろう。現在の体制の仕組みでも国政、地方選挙に反体制派の市民が立候補することはできるし、現に２０１５年の地方選で敗れはしたが２人が立候補した。反政府派の政治参加の動きは強まるだろう。

とはいえ米国がキューバへの敵視政策を完全に止めない限り、キューバとして警戒を解くわけにはいかない。米国がキューバを米国流の政治体制に変えようとする意図、さらにはＣＩＡによる政治工作を完全に捨てない限り、キューバはあくまで一党支配にこだわることになる。多党化、民主化もまた対米関係がカギなのだ。

内外の政治力学の中でキューバがどこに行くか予断は許さない。ただ言えるのは、したたかで陽気でしかも半世紀にわたって荒波を乗り越えた革命の土台は、簡単には揺るがないことだ。

カストロ兄弟が完全に退いたあとは、国家評議会の第一副議長となったミゲル・ディアス＝カネルや経済相のマリノ・ムリジョら50代の若き後継者が控えている。カストロがこの世から消えたとたんにキューバ革命態勢が直ちに消え去るのではない。

彼らは物心ついたときにはすでに革命だった「革命後の世代」だ。フィデル・カストロが本当に期待した世代であり、私が１９７０年代のサトウキビ畑で体験した「期待できる世代」でもある。彼らのかじ取りによっては、米国との関係修復という地域の問題にとどまらず、キューバがこの世界に新たな政治・経済モデルを示すことができるかもしれない。

キューバを何度も訪れ社会を知るにつれ、この国が社会主義だという決めつけに違和感を覚える。そもそもカストロは社会主義を掲げて革命をしたのではない。カストロより前に革命を先導したキューバの思想家ホセ・マルティが主唱した人道的で差別のない、社会正義が実現された社会を求めたのだった。革命の直後に世界情勢に翻弄《ほんろう》されて社会主義を名乗り、さらにソ連の傘下に入って無理やりソ連型社会主義の衣を着せられたが、ソ連の崩壊で身に合わない衣は脱ぎ捨てた。だから、あえて主義と名づけたければ、マルティ主義と言った方がしっくりする。わかりやすく言えば「社会主義」というより「社会正義」だ。

マルティが理想とした、人間が解放された世の中は、努力し闘わなければ永遠に得られないだろう。米国がキューバに敵対したために、キューバは闘いを重ねてきた。あえて言えば、米国という試練のおかげでキューバは過去もこれからも、求める道を試行錯誤しながら歩むことになる。

ゲバラを象徴する「永遠なる勝利の日まで」という言葉は、キューバの過去、現在、未来を象徴する文句でもある。

あとがき

超大国の圧力に屈せず、ひざまずいて生きるよりは踊って抵抗しようと敢然《かんぜん》と闘い、ついに超大国の意志を曲げさせた国があった。そのキューバを40年余りにわたって、私は肌で体験した。

キューバを代表する踊りサルサは、基本ステップはあっても動きのルールがない。個性を解放して自分流の動きを全身で表現し、同時に相手の個性も開花させ、相互に影響し合いながら幸せな気持ちに浸る。個性と共生による夢の実現だ。キューバは国家レベルでサルサを踊った。

求める方向にすんなり進んだわけではない。それどころか超大国の圧力はいっそう激しくなり、悪しき植民地時代の習慣をひきずりつつ、新しいグローバリズムの荒波にほんろうされ、試行錯誤で間違いを重ねて気の毒なほどヨタヨタした。それでも陽気に大筋を貫いた。

キューバを訪れた人のほとんどが、想像していた姿との違いに驚く。強権的な暗い社会と思っていたが、日本よりもはるかに明るく陽気な社会だった、という感想をよく耳にする。キューバの最大の特徴はラテンの明るさだ。カリブの熱い太陽の下で開けっぴろげに話すキューバ人を見ると、日本の社会の方がよほど陰湿で管理や締め付けの厳しい非人間的な体質だと思える。

一方でキューバを理想的な社会主義国だと思いたがる人も、現地に行くと想像とのギャップに悩むだろう。長くソ連型の社会主義に毒されたため、官僚主義の弊害が現にある。

勝手な憶測でキューバを評価するのは、やめよう。素直に見ればいい。

中南米ではスラムやストリート・チルドレンが当たり前だが、キューバにホームレスはいない。子どもはみんな学校に通う。途上国では珍しいことだ。しかも真っ白な靴下をきちんとはいている。中南米の他の熱帯地域では考えられないことだ。強盗もいないし、治安は中南米で群を抜いて良い。医療や教育は無料だから生きていく保障があり、弱者も安心して暮らせる。

もちろん日本のように商品があふれてはいない。医者はいても病院に薬がなく、医療も万全だとは言えない。だが、アメリカによって半世紀以上も経済封鎖され医薬品さえ米国から差し止められたことを考えれば、キューバを安易に批判するわけにはいかない。

日本でイメージするキューバは、実態とは大きくかけ離れている。日本のマスコミに流れるキューバのニュースは、キューバを敵視するアメリカの視点から見たものがほとんどだからだ。

アメリカとキューバの国交回復が発表されたとき、キューバが「米国に接近するしか選択肢がなかった」と解説した日本の研究者がいた。それを載せた新聞の見出しは「頼る先求めて他に道なく」だ。これだとキューバがアメリカに頭を下げて国交を回復してもらったことになる。実態はまったく違う。逆だ。

キューバは何も変わっていない。アメリカがキューバに屈したのだ。かつて国交断絶を通告したアメリカの側が自分たちの政策の誤りを認め、元通りに戻したいとキューバにすり寄ったのだ。「アメリカがキューバに接近するしか選択肢がなかった」というべきだ。それをねじ曲げてアメリカ側に都合よく解釈する報道が横行するほど、日本のメディアのキューバ観は歪んでいる。

私はけっして「キューバ風社会主義」がすばらしいとは思わない。平等を求めたが失敗し、ソ連型になってまた失敗し、自前の社会主義を試みたがやはり失敗した。失敗だらけだ。しかし、肝心な点で成功した。差別や不平等がひどい中南米地域で、「だれもが教育と医療を無料で受けられる」という革命が求めた理想を半世紀以上にわたって実現してきた。経済大国と自慢する日本でさえ実現していないことを。

それに、失敗しても明るい。ものがなくても、ないならないで、それでよしとする。日本やアメリカのように、欲しいものは他人を蹴落としてでも手に入れる弱肉強食の社会ではない。助け合って生きて行こうという分かち合いの社会だ。

もう一つ、キューバが日本と違うのは、国家の自立だ。戦後の日本政府は情けないほど米国にすり寄り追従する政策を採ってきた。冷戦の終了後に欧州は欧州連合を創立していち早く米国離れした。続いて21世紀に入って「米国の裏庭」と呼ばれた中南米諸国が次々に米国から自立した。この歴史を見るとき、米国のすぐそばにあって米国の影響を最も強く受ける小国キューバがいち早く、それも半世紀以上にわたって毅然として米国に対峙《たいじ》してきたことがまぶしく思える。

アメリカとの関係が進み、アメリカ人がキューバになだれ込むとキューバは一見、アメリカ社会に侵されたように見えるかもしれない。そもそもキューバ人は、アメリカ政府は嫌いでもアメリカ人は好きだ。キューバ人はアメリカ人を大歓迎するだろう。それはそれで良いことだ。

この半世紀、いやそれ以前の革命前からの歴史で、キューバは超大国のアメリカがいかに中南米の国を搾り取ろうとしてきたか身を持って体験した。したたかなキューバは、米国に簡単にはのみ込まれはしないだろう。具体的にどう対処するかは見ものだ。

私は学生時代の1971年に初めての海外旅行としてキューバを訪れ、その後は新聞社の特派員としてキューバを取材した。本書は40年以上にわたって10回ほど訪れた実体験から知ったキューバについて、忌憚《きたん》なく綴ったものである。なおII章のカストロとIII章のゲバラについては、『ゲバラの夢　熱き中南米』（2009年、シネフロント社）に書いた記述をもとに、大幅に加筆した。

本書を書くにあたって高文研の山本邦彦氏には執筆の提案から最後までお世話になった。『新版観光コースでないベトナム』に続いてのご尽力に心から感謝したい。また装丁デザインで「カリブの魂」を表現してくださった山田由貴さんに厚くお礼を申し上げる。

最後に。キューバを理解しようとするとき、社会正義の実現という観点と陽気なラテン主義から紐解《ひもと》いてほしい。それによって本当のキューバが見えてくる。長年のキューバとの付き合いから、私はそう確信する。〔2015年12月17日　米国とキューバとの国交交渉開始の発表から一周年の日に〕

【二刷発行への追記】

本書の初版を出した1週間後、私はまたもキューバを訪れた。米国との国交回復後のキューバは海外からの観光客でにぎわっていた。それまで年間３００万人だった観光客が、２０１５年は一挙に３５０万人に急増した。空港を出て最初に感じたのはキューバ人が太っていたことだ。キューバの経済状況を知るにはキューバ人の体つきを見ればいい。１９７０年代やソ連崩壊直後の90年代はガリガリにやせていた。２０１６年1月は首都ハバナにダイエットのためのジムができていた。ようやく市民生活に潤いが巡ってきた。

キューバが誇る有機農業は一段と成果を上げていた。ハバナ郊外の野菜農園は繁盛し、経営者は2階建てプール付きの新居を建てていた。ソ連から肥料が入って来なくなると国を挙げて有機農業に取り組み、今や全耕作地の８割が無農薬の農業をしている。危機をチャンスに変えたのだ。新聞を見ると米国に亡命した大リーガーがキューバに帰国して子どもに野球を教える写真が載っていた。亡命というが、現実は出稼ぎなのだ。簡単に入国できる亡命の制度を利用して米国に入国し、好きなときにキューバに帰ってくる。日本では考えられないしたたかさである。この自立としたたかさこそ今の日本が学ぶべきものだ。

２０１６年11月にはフィデル・カストロが90歳で亡くなった。２０１７年1月には米国にトランプ政権が誕生し、キューバとの関係改善を見直す考えを示した。キューバの試練はなお続く。

２０１７年1月20日　初版から1年、米トランプ政権発足の日に

伊藤　千尋

伊藤　千尋（いとう・ちひろ）
1949年山口県生まれ、東大法学部卒。学生時代にキューバでサトウキビ刈り国際ボランティア、東大「ジプシー」調査探検隊長。1974年朝日新聞に入社しサンパウロ支局長、バルセロナ支局長、ロサンゼルス支局長などを歴任。2014年に退社し、現在はフリーの国際ジャーナリスト。NGO「コスタリカ平和の会」共同代表。
著書:『新版 観光コースでないベトナム』(高文研)『反米大陸』(集英社新書)『今こそ問われる市民意識』(女子パウロ会)『一人の声が世界を変えた』『辺境を旅ゆけば日本が見えた』(新日本出版社)『地球を活かす－市民が創る自然エネルギー』『活憲の時代－コスタリカから9条へ』『変革の時代』(シネフロント社)『燃える中南米』(岩波新書)など。

装丁＝商業デザインセンター・**山田 由貴**

キューバ
超大国を屈服させたラテンの魂

●二〇一六年 一 月二〇日――第一刷発行
●二〇一七年 三 月 一 日――第二刷発行

著　者／**伊藤　千尋**

発行所／株式会社 **高文研**
東京都千代田区猿楽町二－一－八
三恵ビル（〒一〇一－〇〇六四）
電話０３＝３２９５＝３４１５
http://www.koubunken.co.jp

印刷・製本／精文堂印刷株式会社

ISBN978-4-87498-586-1　C0036